KLEINE SCHRIFTENREIHE
DER WARTBURG-STIFTUNG 7

HILMAR SCHWARZ

DIE WETTINER

DES
MITTELALTERS
UND IHRE
BEDEUTUNG
FÜR THÜRINGEN

KRANICHBORN VERLAG
LEIPZIG 1994

Titel:
Das Gastmahl Albrechts des Entarteten (Ausschnitt), Fresko im Palas der Wartburg, Moritz von Schwind, 1854

Inhaltsverzeichnis Seiten

Tafel 1: Die Wettiner bis zu Heinrich dem Erlauchten (Kurzfassung)

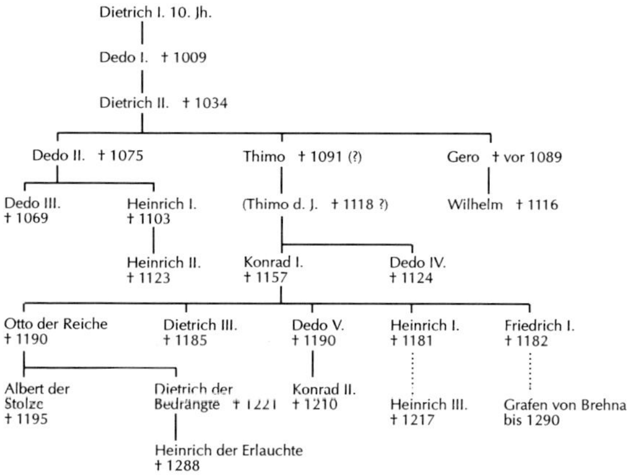

Jahreszahlen in () – Lebensdaten
Jahreszahlen ohne () – Zeit, in der tatsächlich als Landgraf über Thüringen regiert wurde
† – gestorben
⚭ – verheiratet mit

Tafel 2: Die wichtigsten Wettiner vom 13. bis zum 15. Jahrhundert

Dietrich der Bedrängte
(† 1221)
⚭ Jutta

Heinrich der Erlauchte
1247–1265, († 1288)
⚭ 1. Konstanze
⚭ 2. Agnes
⚭ 3. Elisabeth

Albrecht der Entartete
1265–1307, († 1314)
⚭ 1. Margarete
2. Kunigunde
3. Elisabeth

Dietrich von Landsberg
(† 1285)
⚭ Helene

Friedrich der Freidige
1307–1323
1. Agnes
2. Elisabeth

Diezmann
(† 1307)
⚭ Jutta

Friedrich Tuta
(† 1291)
⚭ Katharina

Friedrich II., der Ernsthafte
1323–1349
⚭ Mechthild

Friedrich III., der Strenge
1349–1379, († 1381)
⚭ Katharina

Balthasar
1379–1406
⚭ 1. Margarete
2. Anna

Wilhelm I.
(† 1407)
⚭ 1. Elisabeth
2. Anna

Friedrich I., der Streitbare
(† 1428)
⚭ Katharina

Wilhelm II.
(† 1425)

Friedrich der Friedfertige
1406–1440
⚭ Anna

Friedrich II., der Sanftmütige
1440–1445, († 1464)
⚭ Margarete

Wilhelm III., der Tapfere
1440–1482
⚭ 1. Anna
2. Katharina

Ernst
1482–1486
⚭ Elisabeth

Albrecht
1482–1485, († 1500)

1. Die Landgrafschaft Thüringen bis zum Übergang an die Wettiner

Der Volksname der Thüringer taucht in den schriftlichen Quellen erstmals um 400 n. Chr. auf. Das Thüringerreich wurde 531/34 von den Franken erobert und zerschlagen, doch hielt sich die Erinnerung über Jahrhunderte. Ende des 10. Jahrhunderts begannen wiederholt Versuche, über Thüringen eine Territorialherrschaft zu errichten.

Schließlich erlangte 1130/31 das Geschlecht der Ludowinger den Rang von Landgrafen, den sie in der Folge auch behaupten konnten. Die Ludowinger, ein aus Franken stammendes Adelsgeschlecht, hatte aus bescheidenen Anfängen eine ernstzunehmende Machtbasis aufgebaut. Sie konnten auch in Hessen umfangreiche Besitzungen erwerben. Durch Kirchen- und Klostergründungen sowie durch zielgerichtete Heirats- und Eroberungspolitik erweiterten sie im Laufe des 12. Jahrhunderts Macht und Einfluß. Die Verwandtschaftsverbindungen reichten bis zum deutschen Königshaus. Sie stiegen in den Fürstenstand und mit dem Erwerb der Pfalzgrafschaft Sachsen 1180 in die erste Reihe des deutschen Hochadels auf.

In chronologischer Reihenfolge hießen die ludowingischen Landgrafen: Ludwig I. (1130/31–1140), Ludwig II. (der Eiserne – 1140–1172), Ludwig III. (der Fromme – 1172–1190), Hermann I. (1190–1217), Ludwig IV. (der Heilige – 1217–1227), Hermann II. (1227–1241) bzw. Heinrich Raspe (1227–1247).

Am thüringischen Landgrafenhof blühte bald die hochmittelalterliche Dichtkunst auf. Besonders Hermann I. gewährte den mitunter mittellosen Minnesängern Verpflegung und Unterkunft. So besuchten die bekannten Dichter Heinrich von Veldeke, Wolfram von Eschenbach und Walther von der Vogelweide den Mäzen der Sänger.

Die Landgräfin Elisabeth wurde eine der meistverehrten Frauengestalten des Mittelalters. Die gebürtige ungarische Königstochter kam mit nur vier Jahren ins Land und heiratete zehn Jahre später den Landgrafen Ludwig den Heiligen. Im Dienst für die Armen und Kranken opferte sie sich völlig auf und starb, verwitwet und als Nonne, mit nur 24 Jahren 1231 in Marburg. Wenige Jahre danach sprach der Papst sie heilig. Ihr zu Ehren wurde die Elisabethkirche an ihrem Wirkungsort errichtet, in der ihre sterblichen Überreste beigesetzt wurden. Ihr Schwager Konrad wirkte in der gleichen Stadt und brachte es bis zum Hochmeister des Deutschen Ordens.

Noch höhere Weihe erfuhr ein weiterer Bruder ihres Gatten. Er hieß Heinrich Raspe und wurde 1246 zum deutschen König erhoben. Allerdings hatte er seine Möglichkeiten überschätzt. Da sein Land derartigen Abenteuern nicht gewachsen war und er lediglich von den geistlichen deutschen Fürsten unterstützt wurde, konnte er sich nicht halten. Nach einer Verwundung starb er am 16. Februar 1247 auf der Wartburg.

Mit seinem Tod endete die Zeit der thüringischen Ludowinger, da im Mannesstamm kein Nachkomme mehr lebte. Um das Erbe setzte ein siebzehnjähriger Erbfolgekrieg ein. Neben weiteren Bewerbern trugen insbesondere Sophie von Brabant und Heinrich von Meißen den Kampf aus. Sophie war die Tochter Ludwigs IV. und der heiligen Elisabeth, hatte einen brabantischen Herzog geheiratet und beanspruchte für ihren Sohn die Nachfolge. Den hessischen Anteil konnte sie sichern, und seitdem gingen Hessen und Thüringen unterschiedliche Wege. Letzteres fiel dem meißnischen Wettiner Heinrich dem Erlauchten zu, der vorher mit Unterstützung Heinrich Raspes die Eventualbelehnung für Thüringen erhalten hatte. Die Vereinigung der Landgrafschaft Thüringen und der Markgrafschaft Meißen hatte bereits Ludwig IV. für die Ludowinger angestrebt, falls die Wettiner aussterben sollten. Nun wurden beide Landschaften unter entgegengesetzten Vorzeichen zusammengeführt.

2. Die Wettiner vor Heinrich dem Erlauchten

2. 1. Wettin und die Mark Meißen

Als die >Wettiner< bezeichnet man jene Fürstenfamilie, die im Laufe des Mittelalters im heutigen Sachsen, Thüringen und Teilen Sachsen-Anhalts die dominierende Stellung einnehmen konnte. Nach zahlreichen Erbteilungen und -zusammenschlüssen wurden sie erst in Folge der deutschen Novemberrevolution von 1918 als Landesherren abgesetzt.

Die Bezeichnung >Wettiner< leitet sich von der Stammburg Wettin her. Diese befindet sich einige Kilometer nordwestlich von Halle, hat allerdings heute kein mittelalterliches Aussehen mehr. Um Burg und Stadt Wettin entwickelte sich eine gleichnamige Grafschaft. Angehörige der Familie nahmen erstmals um 1100 den Titel eines Grafen von Wettin an.

Den Kern des zukünftigen wettinisch-sächsischen Staates bildete die Mark Meißen. Ihr Zentrum stellten Stadt und Burg Meißen dar. Allerdings konnte sich dieser Ort nie so recht als bevorzugter Residenzort durchsetzen, nicht zuletzt, weil die Bischöfe von Meißen auf Dauer ein Gegengewicht zu den Markgrafen bildeten.

Den Grundstein legte der deutsche König Heinrich I., als er 928/29 in das von Slawen, insbesondere von Daleminzern und Nisanen, besiedelte Land einfiel und die Burg Meißen errichtete. Obwohl damit die militärische Kraft der Einheimischen grundsätzlich gebrochen war, dauerte es noch Jahrzehnte, bis das Mittelelbeland christianisiert und verwaltungsmäßig in den deutschen Feudalstaat einbezogen war. Zudem mußten bis 1031 die benachbarten Rivalen Polen und Böhmen aus dem Felde geschlagen werden. Die ansässigen Sorben überwogen anfangs noch, wurden von den einsickernden deutschen Siedlern mit der Zeit jedoch überlagert und aufgesogen. Sie gehören somit zu den Vorfahren der heutigen Sachsen.

Um die kriegerischen Auseinandersetzungen mit Nachbarn und Unterworfenen führen zu können, wurden Grenzdistrikte gebildet, die sogenannten Marken. Die Mark Meißen und die Ostmark schälten sich als die wichtigsten heraus. Aus dem Ostteil der letzteren entstand wiederum die Mark (Nieder-)Lausitz. Meißen und Lausitz sollten die beiden wichtigsten Länder der Wettiner werden. Im 11. Jahrhundert umfaßte die Mark Meißen etwa das Gebiet beiderseits der Elbe zwischen Elbsandsteingebirge und Riesa, einschließlich des Osterzgebirges. Die ursprünglich dazugehörige Oberlausitz wurde noch im gleichen Jahrhundert abgetrennt.

2. 2. Die ersten Wettiner

Der Stammvater der Wettiner tritt in der zweiten Hälfte des 10. Jahrhunderts ins Licht der Quellen. Er hieß Thiedericus (Dietrich I.). Manchen Deutungen zufolge soll er im Dienste Kaiser Ottos II. 982 in Süditalien gefallen sein. Über seine Vorfahren gibt es keine gesicherten Überlieferungen. Mehrere Herleitungen sind aus den verstreuten Nachrichten versucht worden (vgl. Tafel 3).

Zum ersten wurde seine Herkunft vom Stamm der >Buzici< zum Anlaß genommen, ihn >von den Burcharden< abstammen zu lassen und seine Ahnenreihe über einige Burcharde bis auf einen Marschall Karls des Großen zurückzuverfolgen. Zum zweiten existiert eine wohl fundiertere Ansicht, wonach sein Vater ein Harzgaugraf Volkmar war, der dominierende Geschlechtername >Friedrich< lautete und die Familie bis auf cheruskische Wurzeln im 9. Jahrhundert zurückgeführt wird. Und zum dritten wird eine Abstammungslinie zum schwäbischen Herzog Burkhard I. gezogen.

Einige Anzeichen sprechen für eine schwäbische Abstammung. Der Verfasser des Sachsenspiegels – zwischen 1220 und 1235 entstanden – ordnete die Wettiner den Schwaben zu. Außerdem hielten sich die Wettiner an die schwäbische Erbfolge, die weibliche Familienmitglieder ausschloß. Nach ältesten Zeugnissen hatten sich die Wettiner im Hosgau oder Hassegau (Gau der angesiedelten Hessen) niedergelassen, der sich im Flußbogen von Saale und Unstrut erstreckte. Der nordwestlich angrenzende Distrikt, am Ostrand des Harzes, hieß der >Schwabengau<.

Während die Nachrichten über die entsprechenden

Personen vor der ersten Jahrtausendwende sehr spärlich sind, kennen wir seit etwa 1000 n. Chr. alle wichtigen Wettiner und ihre Besitzungen vergleichsweise genau. Im Schlußteil des Buches befinden sich Stammtafeln und Personenlisten, die über die verschiedenen Familienmitglieder informieren. An der hiesigen Stelle soll nur ein grober Überblick wiedergegeben werden.

Dietrich I. besaß einen Sohn Dedo I. und einen Enkel Dietrich II. Nach dem Tod Dietrichs II., der 1034 ermordet wurde, folgten etwa 100 Jahre, in denen die Wettiner in mehrere Linien zersplittert waren. In diesen 100 Jahren konnten sie wichtige Gebietsgewinne verbuchen. Noch Dietrich II. hatte 1034 die Ostermark (Niederlausitz) an sich gebracht. Die Wettiner beherrschten des weiteren die Grafschaften Eilenburg, Brehna und Wettin.

In den ersten Jahrzehnten des 12. Jahrhunderts starben die einzelnen wettinischen Linien bis auf eine aus. Allein Konrad I. überlebte und vereinigte alle ehemals wesentlichen wettinischen Ländereien in seiner Hand. Außerdem konnte er das politische Erbe des Grafen Wiprecht von Groitzsch antreten (1124 gestorben). Er wird als der eigentliche Begründer des wettinischen Staates angesehen.

Nach wenigen Jahrzehnten, mit der Abdankung Konrads 1156, zersplitterten sich die Wettiner erneut, diesmal nach den erbberechtigten Söhnen in fünf Linien: die Markgrafschaft Meißen (Otto), die Grafschaft Eilenburg (Dietrich), die Grafschaft Wettin (Heinrich), die Grafschaft Groitzsch (Rochlitz – Dedo) und die Grafschaft Brehna (Friedrich).

Bereits nach einem halben Jahrhundert waren drei dieser Linien wieder aus der Geschichte verschwunden: die Eilenburger Linie 1185, die Groitzsch-Rochlitzer Linie

1210 und die Linie der Grafschaft Wettin 1217. Die Brehnaer und die Meißner Linie blieben zunächst übrig. Die Brehnaer Linie war die unbedeutendere, obwohl sie das Erbe des grafschaftlich-wettinischen Zweiges angetreten hatte. Die Brehnaer besaßen vor allem Gebiete zwischen Saale und Mulde.

Während des Erfurter Reichstages von 1290 starb dann auch der letzte männliche Angehörige dieses Familienzweiges. Die Wettiner der meißnischen Linie waren zerstritten und geschwächt, so daß König Rudolf keinen Widerstand zu brechen hatte, als er die Grafschaft Brehna einzog und an seinen Schwiegersohn verlieh, den askanisch-wittenbergischen Herzog Albrecht II. Das Wappen der Grafschaft Brehna, drei rote Seerosen auf weißem Grund, schmückte seitdem das Wappen der Askanier. Wie die anderen Wappen wurde es mit dem der Wettiner vereinigt, als 1423 der Wittenberger Kurkreis in den Besitz dieser Dynastie gelangte.

Grafschaft, Stadt und Burg Wettin gingen 1290 an das Erzbistum Magdeburg verloren, das auch Halle besaß. Von Magdeburg gelangte Wettin 1446 an die Herren aus dem Winkel und wechselte in der Folge mehrmals den Besitzer. Es ist erstaunlich, daß die Wettiner selbst nicht mehr ernsthaft versuchten, ihre Stamm- und Namensburg zurückzuerhalten.

Das älteste Wappen der meißnischen Wettiner erschien zuerst bei Otto dem Reichen und seinem Sohn Dietrich dem Bedrängten und bestand aus zwei Pfählen (senkrechte Streifen). Später tauchte es als das landsbergische oder pleißnische Wappen wieder auf: zwei blaue Pfähle auf gelbem (goldenem) Grund. Das Zeichen der Markgrafschaft Meißen sollte dagegen der schwarze Löwe auf gelbem Grund werden. Die Wettiner nahmen den Löwen wahrscheinlich erst unter Heinrich dem Erlauchten an.

Die Kombination von meißnischem Löwen und pleißnischen Pfählen hat sich in den Stadtwappen der sächsischen Großstädte Leipzig, Dresden und Chemnitz erhalten. In Dresden wurden die Pfähle dem Schwarz-Gelb des Löwenwappens angeglichen, was bis in die Gegenwart hineinwirkt: Die Bundesligamannschaft von Dynamo Dresden spielt in den Stadtfarben Schwarz-Gelb. In Leipzig behielten die Pfähle ihre alte Färbung, und dadurch läuft der VfB Leipzig, nunmehr ebenfalls in der Bundesliga, in Blau-Gelb auf den Rasen.

2. 3. Bekannte und wichtige Personen

Vor Heinrich dem Erlauchten brachten die Wettiner eine ganze Reihe von Persönlichkeiten hervor, von denen einige im folgenden vorgestellt werden sollen. Unter den Wettinern des 11. Jahrhunderts sind wahrscheinlich diejenigen am geläufigsten, die als Stifterfiguren im Naumburger Dom stehen, auch wenn nicht jedermann die einzelnen Namen kennt. Von den insgesamt zwölf Figuren stellen immerhin sechs Wettiner und deren Ehefrauen dar: Dietrich (im Personenverzeichnis am Ende des Buches Nr. 20) und seine Gattin Gerburg, Konrad (Nr. 11), Wilhelm von Camburg (Nr. 21), Thimo von Kistritz (Nr. 9) und schließlich Bertha, die Gemahlin Geros (10). Sie gehörten zu den Stiftern einer Kirche, deren Bauwerk später abgerissen und deren Fläche in den Naumburger Dom einbezogen wurde. Die Sandsteinfiguren wurden um 1250 angefertigt und gehören zu den hervorragendsten Zeugnissen hochmittelalterlicher Plastik.

Thimo von Kistritz (gest. um 1090) als Stifterfigur des Naumburger Doms

Wilhelm von Camburg (gest. 1116) als Stifterfigur des Naumburger Doms

Als erster Wettiner gelangte Heinrich I. (Nr. 17) in den Besitz jener Markgrafschaft Meißen, die zum Kern des wettinischen Gesamtstaates werden sollte. Obwohl die Markgrafschaft nicht durchgehend in Familienregie blieb, gedachte man 1989 zurecht des Jubiläums. Der 900. Jahrestag der Wettiner in der Mark Meißen wurde in der DDR noch vor der politischen Wende konzipiert und begangen.

Bei der Ausformung der Mark Meißen im 12. Jahrhundert profilierten sich zwei historische Gestalten: Konrad I. und der Nichtwettiner Wiprecht von Groitzsch.

Wiprecht von Groitzsch hatte sich zum mächtigsten Feudalherrn im Mittelelbegebiet aufgeschwungen. Seine slawische Herkunft bezeugt, daß in diesem Jahrhundert die oberste Schicht nicht nur aus germanisch-deutschen Familien gebildet wurde. Ein prägnantes Beispiel geben die mecklenburgischen Herzöge ab, die aus slawischer Wurzel in den deutschen Hochadel gelangten.

Durch den Dienst für den Kaiser und den böhmischen König erreichte Wiprecht gesellschaftlichen Aufstieg und umfangreichen Grundbesitz. Der Schwerpunkt lag um Groitzsch und Leisnig, also südlich von Leipzig. In unmittelbarer Nähe von Groitzsch ließ er 1091/96 das Hauskloster Pegau errichten. In den Auseinandersetzungen wurde er vom König Heinrich V. gefangengenommen, im Gefolge der Schlacht am Welfesholz 1115 durch seine Söhne jedoch wieder befreit. Danach erreichte Wiprecht den Gipfel seiner Macht, – die Mark Lausitz erwarb er 1117, und die Mark Meißen sprach ihm der Kaiser 1123 zu. Zusammen mit seinen bisherigen Erwerbungen vereinigte er im mittelelbischen Raum die seither umfangreichste Landmasse. Doch mit seinem Tode im Jahre

1124 brach das Gebilde bereits wieder auseinander. Er wurde in Pegau beigesetzt; in der dortigen Laurentiuskirche kann man noch die prächtige Grabplatte aus der Zeit um 1230/40 besichtigen.

Konrad I. profitierte vom Tod Wiprechts sowie von der Königserhebung Lothars III. (1125). Konrad vermochte es, die von den Wettinern der verschiedenen Linien erworbenen Besitzungen in seiner Hand zu vereinigen. Er wird daher, wie schon erwähnt, als der eigentliche Begründer des wettinischen Territorialstaates angesehen. Aus diesem Grunde beginnt auf dem Fürstenzug in Dresden, der in farbigen Kacheln durch den Maler Adolf Wilhelm Walther von 1872 bis 1876 ausgeführt wurde, die Reihenfolge der wettinischen Regenten mit Konrad. In der Geschichtsschreibung wird er vorwiegend >der Große< genannt. Den Beinamen erhielt er allerdings erst Jahrhunderte später; das Mittelalter kannte ihn nicht.

Allerdings glückten ihm die Erwerbungen weniger durch gewaltsame Unternehmungen. Als er 1122 einen Waffengang gegen seinen Vetter Heinrich II. provozierte, erlitt er eine Niederlage und wurde auf dem Fuchsturm bei Jena in Haft gesetzt. Dagegen kam ihm das Aussterben der anderen Familienzweige zugute. Die Grafen von Brehna endeten 1116 mit Wilhelm von Camburg. Die bisherigen meißnischen Markgrafen erloschen 1123 mit Heinrich II., und 1124 hatte auch sein Bruder Dedo einen frühen Tod erlitten. Konrad blieb als einziger männlicher Sproß des wettinischen Hauses übrig.

Auf den deutschen Königsthron wurde 1125 mit Lothar III. ein Verwandter gewählt, der ihn 1227 mit der vorher übertragenen Mark Meißen offiziell belehnte. Als 1136 der Sohn Wiprechts von Groitzsch starb, erhielt Konrad

Konrad der Große, Fürstenzug zu Dresden, Wilhelm Adolf Walther, Porzellankacheln, 1872–1876

Konrad I. (gest. 1157) und seine Gattin Luitgard (gest. 1143), Grabstatuen des 16. Jahrhunderts nach mittelalterlichen Vorlagen, Petersberg bei Halle (Rechte Abb.)

auch noch dessen Besitzungen im Pegauer und Zwickauer Raum sowie die Mark Lausitz (Niederlausitz) und die Oberlausitz mit Bautzen. König Konrad III. übertrug ihm 1143 die Grafschaft Groitzsch mit Rochlitz.

Eine Reihe von Unternehmungen kennzeichneten Konrad I. als einen Vertreter des ritterlich-frommen Ideals, welches Christentum und Eroberungen miteinander verband. Er beteiligte sich an Kämpfen in Italien ebenso wie an dem Kreuzzug des Jahres 1147 gegen die Wenden. Ins Heilige Land unternahm er zwei Pilgerreisen, und ein Feldzug nach Polen brachte für seinen Sohn Dietrich eine Fürstentochter ein. Nach einem bewegten Leben wollte Konrad offenbar seine letzten Tage in Ruhe verbringen. Er zog sich 1156 zu den Augustinermönchen auf dem Petersberg zurück, wo er im folgenden Jahr starb.

Otto I. (der Reiche) bekam 1156, weil er der älteste Sohn war, das wichtigste Land – die Markgrafschaft Meißen. Sein Beiname Otto >der Reiche< (Dives) hängt mit der Entdeckung und Erschließung des Silberbergbaus im Freiberger Gebiet zusammen, durch den die Markgrafschaft auf Jahrhunderte zu einem gewissen Wohlstand gelangte. Im späteren Freiberger Stadtgelände ließ Otto von 1171 bis 1175 eine Burg errichten. Auf den 2. August 1185 datiert die Urkunde, mit der er die Stadtgründung genehmigte. Zur Erinnerung wurde auf dem Marktplatz der Stadt das Denkmal gesetzt, auf dem er die Gründungsurkunde in Form einer Schriftrolle in der Hand hält. Auch die Entwicklung anderer Städte wurde von Otto gefördert. So verlieh er Leipzig das Marktrecht, protegierte Grimma und Eisenberg. Insgesamt begünstigte er die Besiedlung seines Landes durch Kolonisten aus westlichen deutschen Territorien.

Otto der Reiche und Albrecht der Stolze, Fürstenzug zu Dresden, Wilhelm Adolf Walther, Porzellankacheln, 1872–1876

Markgraf Otto der Reiche, Denkmal auf dem Marktplatz von Freiberg

2. 4. Sagen und Legenden um die ältesten Wettiner

Die mittelalterliche Geschichtsschreibung umwob die frühen Wettiner, wie andere Fürstenhäuser auch, mit allerlei Histörchen und Legenden, bei denen man Dichtung und Wahrheit schwer trennen kann.

Nach dem Tode Heinrichs I. (1103), der bis dahin kinderlos geblieben war, sorgte seine Gattin Gertrud dafür, daß die Markgrafschaft Meißen zunächst an einen leiblichen Nachkommen kam. Sie blieb schwanger zurück, was Anlaß zu einer Sage gab: Die Brüder Konrad I. und Dedo IV., aus dem anderen wettinischen Familienzweig, beanspruchten das Erbe und bestritten die Schwangerschaft Gertruds. Daraufhin entkleidete sie sich und zeigte ihren geschwollenen Leib dem anwesenden Personenkreis. Nach der Geburt des Sohnes Heinrich II. 1104 sollen die beiden Kontrahenten die Lüge verbreitet haben, Gertrud sei von einer Tochter entbunden worden und habe den Knaben eines Dieners vorgeschoben. Allen Anfeindungen zum Trotz konnte sie sich durchsetzen und ihrem Sohn Heinrich II. im folgenden Jahr die Erbschaft sichern.

Konrad I. befand sich 1145 gerade auf einer Palästinareise, als seine Gattin Liutgart zu Gerbstedt das Zeitliche segnete. Auf Rat des Grafen Hoier von Mansfeld wurde der Leichnam der Gerbstedter Erde übergeben – sehr zum Entsetzen ihres Gatten, der das Kloster auf dem Petersberg für seine Familie vorgesehen hatte. Voller Zorn soll er geschworen haben, daß er den Grafen zwingen werde, die Tote mit bloßen Händen wieder auszugraben. Tatsächlich hob Graf Hoier sie ein halbes Jahr nach der ersten Bestattung aus ihrem umstrittenen Grab, und nunmehr wurde sie auf dem Petersberg bestattet.

Dedo V. begründete die Rochlitzer oder Groitzscher Linie, die im Mannesstamm bis 1210 existierte. Den Beinamen >der Feiste< oder >der Fette< (Crassus) verlieh ihm zwar erst die Geschichtsschreibung des 16. Jahrhunderts, doch berichteten bereits die zeitgenössischen Quellen von seiner Leibesfülle. Am Kreuzzug von 1190 konnte er deswegen nicht teilnehmen. Er ließ sich auf den gewagten Versuch ein, das überflüssige Fett operativ zu entfernen. Die Operation im Jahre 1190 führte zum Tode des Patienten.

Der Besitz von Territorien war im Mittelalter an bestimmte Personen gebunden, und beim Tod des Eigentümers mußte die Herrschaft über diese Territorien neu geregelt werden. Es verwundert daher nicht, daß Mord ein wirksames Mittel der Politik war. Eine ganze Reihe von frühen Wettinern fiel Mordanschlägen – tatsächlichen oder vermeintlichen – zum Opfer.

Dedo I. (Nr. 1) wurde, weil er Wolmirstädt zerstört hatte, 1009 vom Markgrafen der Nordmark erschlagen. Das gleiche Schicksal ereilte seinen Sohn Dietrich II. (Nr. 3), der 1034 durch die Hand seines Schwagers, des Markgrafen Eckard II. von Meißen umkam. Der Sohn Dietrichs II. wiederum – Dedo II. (Nr. 8) – wurde 1069 ermordet, nachdem er erst im gleichen Jahr die Mark Lausitz (Ostermark) erhalten hatte. Heinrich II. (Nr. 29) fiel 1123 einem Giftanschlag zum Opfer, und auf gleiche Weise soll Albrecht der Stolze (Nr. 49) 1195 auf der Reise von Freiberg nach Meißen umgekommen sein. Immerhin ließe sich anhand der Wettiner ein >Fortschritt< vom plumpen Totschlag des 11. Jahrhunderts zum feineren Giftmord des 12. Jahrhunderts festhalten.

Kirche des ehemaligen Benediktinerklosters Petersberg bei Halle (Zustand 1961)

2. 5. Die ältesten Grablegen, Klostergründungen und geistlichen Ämter

Um ihre Toten zu bestatten, gründeten die verschiedenen wettinischen Familienzweige eine Reihe von Klöstern. Bereits 985 hatte Rigdak, ein Blutsverwandter, das Kloster Gerbstedt gestiftet, das Wettinern im 11. und in der ersten Hälfte des 12. Jahrhunderts als Grablege diente. Dedo IV. (Nr. 30), der Bruder Konrads I., gründete um 1124 das Kloster auf dem Petersberg, das nördlich von Halle und nahe bei Wettin lag. Welcher Wert dem >richtigen< Begräbnisort beigemessen wurde, zeigt die geschilderte Episode um Konrads Gemahlin. Dedo hatte seine Gemahlin Berta verstoßen, doch veranlaßte ihn

Spätromanisches Tor aus dem Kloster Altzella, an der Stadtkirche in Nossen

wahrscheinlich der Aufstieg des Schwiegervaters Wiprecht von Groitzsch, sie in Ehren wieder aufzunehmen. Zur Buße gelobte er die Stiftung eines Klosters und eine

Wallfahrt nach Jerusalem und wurde dadurch zum Gründer des Klosters auf dem Petersberg.

Für die meißnischen Wettiner gründete Otto der Reiche Kloster Altzella (auch Zella, Altzelle) bei Nossen. Im Jahre 1162 erfolgte die formale Gründung, und 1175 wurde das Kloster eingeweiht. Seine energische und stolze Gattin hatte ihn zu diesem Schritt bewogen. Sie hieß Hedwig und war die Tochter des mächtigen askanischen Herzogs Albrecht des Bären.

Dedo V. (der Fette), der 1190 verstorben war, wurde neben seiner Gattin in dem Kloster bestattet, das er selbst gegründet hatte. Ursprünglich hieß es >Zschillen<, doch wegen häufigen Besitzerwechsels setzte sich die Bezeichnung >Wechselburg< durch. Als Zeugnis romanischer Baukunst ist es heute noch an der Zwickauer Mulde oberhalb von Rochlitz erhalten.

Friedrich I., der jüngste Sohn Konrads I., begründete die neuere Brehnaer Linie und lebte bis 1181. Seine Gattin Hedwig von Böhmen gründete das Kloster in Brehna, wo sie nach ihrem Tode 1211 begraben wurde.

Die Leipziger Thomaskirche, die später durch den Thomaskantor Johann Sebastian Bach weltbekannt werden sollte, wurde 1212 von Dietrich dem Bedrängten gestiftet, dem Vater von Heinrich dem Erlauchten. Sie diente allerdings nicht als Begräbnisstätte (Grablege) der Fürstenfamilie.

Auf die Kirchen und Klöster konnte bei der Verwaltung der erworbenen Gebiete nicht verzichtet werden. Die Geistlichen beherrschten das geschriebene Wort, konnten Urkunden ausstellen und Verzeichnisse führen. In ihren Händen lang das gesamte damalige Schulwesen.

Angehörige der wettinischen Familie traten selbst in

den geistlichen Stand und besetzten wichtige Kirchenämter. Auf diese Weise kamen einerseits nichterbberechtigte Söhne und unverheiratete Töchter standesgemäß unter, andererseits konnte der Familieneinfluß ausgedehnt werden. Friedrich (Nr. 7) besetzte von 1063 bis 1084 den Bischofsstuhl von Münster, Günther (Nr. 22) 1079 bis 1089 den von Naumburg und Dietrich (Nr. 55) 1204 bis 1215 den von Merseburg. Der im 12. Jahrhundert bedeutendste Erzbischof von Magdeburg, Wichmann (Nr. 35, von 1154 bis 1192), hatte eine wettinische Mutter.

Einige Wettinerinnen fanden als Nonnen oder Äbtissinnen im Kloster Gerbstedt ihre Heimstatt. Mit Agnes (Nr. 47) und Sophia (Nr. 68) begann Ende des 12. und Anfang des 13. Jahrhunderts die Reihe von wettinischen Äbtissinnen in Quedlinburg.

Die Familienpolitik in Form von Verheiratungen wurde genutzt, um Beziehungen zu knüpfen und eventuelle Erberweiterungen vorzubereiten. Die meisten Ehen wurden naturgemäß mit Adligen des sächsisch-thüringischen Raums geschlossen, doch einige ehelichen Verbindungen weisen weit darüber hinaus.

Die Gemahlin Heinrichs I., die schon erwähnte Gertrud, hatte aus einer vorherigen Ehe eine Tochter namens Richenza, die mit jenem Lothar von Supplinburg verheiratet wurde, der 1125 als Lothar III. zum römisch-deutschen König aufstieg. Agnes (Nr. 65) wurde an der Seite Bertolds IV. mit dem Herzogshaus Andechs-Meran verbunden, das damals im Alpenraum beträchtlichen Einfluß besaß. Durch ihre Töchter ergab sich der Anschluß an europäische Herrscherhäuser: Agnes (Nr. 89) ging eine, wenn auch wenig dauerhafte Verbindung mit dem französischen König ein. Gertrud (Nr. 90) heiratete den ungarischen König und wurde zur Mutter der hl. Elisabeth von Thüringen und einer bulgarischen Zarin. Und Hedwig (Nr. 91) vermählte sich mit einem südpolnischen Herzog und wurde zur Heiligen Schlesiens.

2. 6. Dietrich der Bedrängte, der Vater Heinrichs des Erlauchten

Vor Heinrich dem Erlauchten fungierte sein Vater Dietrich der Bedrängte seit 1195 als Familienoberhaupt. Beim Tode des Vaters 1190 hatte er osterländisches Gebiet mit dem Zentrum Weißenfels erhalten. Deshalb nannte er sich zunächst Dietrich von Weißenfels. Nach dem Tode seines Bruders Albrecht versuchte das Königtum, die Mark Meißen wieder unter seine Kontrolle zu bringen und verweigerte Dietrich die Anerkennung.

Beim Tode des Kaisers Heinrich IV. 1197 befand er sich auf dem Kreuzzug in Palästina, von wo er schnellstens zurückkehrte. Eine spätere Sage erfand, er habe das Schiff wegen bedrohlicher Nachstellungen in einem Faß erreicht. In der Mark Meißen wurde er ohne ersichtlichen Widerstand anerkannt. Der neue König Philipp von Schwaben, 1198 gekrönt, verlieh ihm umgehend die Mark. In den folgenden wechselhaften und verlustreichen Kämpfen hielt er beständig an Philipp fest, auch wenn sein Land, wie 1203 und 1204, besetzt und verwüstet wurde. Walther von der Vogelweide lobte ihn deshalb: >Und der Meißner, der ist von jeher immer Euer ohne Zweifel; ein Engel Gottes würde eher verleitet.<

Nachdem König Philipp 1208 ermordet worden war, schlugen sich die deutschen Fürsten, unter ihnen Dietrich der Bedrängte, auf die Seite des bisherigen Gegenkönigs, des Welfen Otto IV. Dietrich hielt nun wiederum treu an diesem fest, selbst als Otto 1210 vom Papst gebannt wurde; gleiches war 1201 bei Philipp von Schwaben geschehen. Im Jahre 1212 griff der Staufer Friedrich II. in Deutschland ein. Während die meisten Landesherren bald zu ihm übergingen, tat Dietrich diesen Schritt erst 1213, als sein Land von staufischen Truppen besetzt worden war.

Der staufisch-welfische Thronstreit entschied sich 1214, als der französische König in der Schlacht von Bouvines den Welfen Otto IV. schlagen konnte. Dietrich mußte sich nun mit neuen Gegnern auseinandersetzen. Während ein Streit mit dem Abt des Klosters Pegau 1215 beigelegt werden konnte, dauerte dagegen eine verlustreiche Fehde mit der Stadt Leipzig über die folgenden Jahre hinweg.

Unter Otto dem Reichen hatte die Stadt umfassende Privilegien erhalten, die nun durch die Ausweitung geistlicher Gerichtsbarkeit in Gefahr gerieten. Zunächst erzwangen die Bürger 1216 einen für sie günstigen Vergleich, doch Dietrich nutzte im folgenden Jahr die Anwesenheit des Königs, um die Stadt in einem unblutigen Handstreich zu überwältigen. Er nötigte ihr drei Zwingburgen auf, – aus einer erwuchs die Pleißenburg, in der 1519 Luther vor Herzog Georg disputierte und an deren Stelle sich heute das Neue Rathaus befindet.

Der heimische Adel opponierte ebenfalls, und der Erzbischof von Magdeburg nutzte dies 1220 aus, um unmittelbar vor Leipzig Fuß zu fassen. Die Sache war noch nicht ausgekämpft, als Dietrich der Bedrängte 1221 verstarb. Spätere Geschichtsschreiber wollten wissen, daß seine Gegner den Arzt mit 100 Mark Silber bestochen und einen Mord veranlaßt hätten.

Dietrich der Bedrängte hatte den weitaus größten Teil des wettinischen Gesamtbesitzes in seine Hand bekommen. Die Zersplitterung aus dem Jahre 1156 konnte weitgehend überwunden werden. Neben der Mark Meißen und den ostelbischen Landstrichen hatte er 1210 die Niederlausitz und die Herrschaft über Groitzsch-Rochlitz erben können. Für das Reichslehen (Nieder-)Lausitz mußte er an den König Otto IV. zwar 10.000 Mark Silber als Mutschierung – eine Art Übernahmegebühr – zahlen, doch seine Lehen wurden ihm nicht mehr ernsthaft streitig gemacht.

Um 1221 Dietrichs Erbschaft anzutreten, blieb nur sein Sohn Heinrich (der Erlauchte), der als einer der berühmtesten Wettiner in die Geschichte eingehen sollte. Für den wenige Jahre alten Knaben übernahm der thüringische Landgraf Ludwig IV. (der Heilige) die Vormundschaft.

3. Heinrich der Erlauchte (1221–1288) und der Erwerb der Landgrafschaft Thüringen

Eine der schillerndsten Gestalten des deutschen Mittelalters ist der Wettiner Heinrich der Erlauchte – erfolgreicher Landesherr, Kreuzfahrer und Minnesänger. In Anlehnung an die über 50jährige Regierungszeit nennt man ihn auch >August den Starken des Mittelalters<. Sein größter politischer Erfolg war zweifellos die Einverleibung Thüringens, wonach sich das wettinische Territorium von der Oder bis zur Werra erstreckte.

Schon bei Zeitgenossen und bei der nächsten Generation führte er mehrere Beinamen. In lateinisch geschriebenen Chroniken wird er mit dem spätrömischen Adelsprädikat >Illustris< versehen. Die Übersetzung des 16. Jahrhunderts machte daraus >der Erlauchte<, und so ging er in die Geschichte ein. Im 14. Jahrhundert erschien die Bezeichnung >Heinrich der Milde< (Munificus), die vermutlich auf seine Freigiebigkeit gegenüber fahrenden Sängern anspielte. Eine dritte Variante, wahrscheinlich die älteste, lautet >Heinrich Lomatz< oder >Lomar<. Der Sinn ist nicht ganz klar; ein Zusammenhang zu der Stadt Lommatzsch westlich Meißens bietet sich sprachlich an, läßt sich aber historisch nicht belegen. Als wahrscheinlicher wird ein slawischer Ursprung mit der Bedeutung >Hammer< angesehen.

Die formale Regierungszeit Heinrichs zählt von 1221 bis 1288. Bezüglich seiner Person könnte man sie in drei Etappen einteilen: In der ersten Zeit war er unmündig, und andere handelten in seinem Namen. Die zweite Etappe währte vom Eintritt in die Mündigkeit um 1234 bis vielleicht Mitte der 60er Jahre, seit er sich zunehmend aus der Politik zurückzog und damit die dritte Etappe einleitete.

3. 1. Die ersten Jahre Heinrichs

Da Heinrich der Erlauchte sich beim Tode des Vaters 1221 noch im Kleinkindalter befand, wurde sein Land vom Vormund Ludwig IV. verwaltet, dem Landgrafen von Thüringen. Anfangs schien er in der Mark Meißen allseits anerkannt zu werden, da er sich im Einvernehmen mit seiner Schwester Jutta befand, der Mutter Heinrichs. Doch änderte sich die Lage 1223, als sie erneut heiratete und in Poppo VII. von Henneberg einen zielstrebigen Partner fand.

Heinrich der Erlauchte und Dietrich der Bedrängte, Fürstenzug zu Dresden, Wilhelm Adolf Walther, Porzellankacheln, 1872–1876

Der Konflikt mit Ludwig IV. schlug sofort in bewaffneten Kampf um, und beide Parteien verwüsteten das Terrain des Gegners. Ludwig setzte sich anscheinend durch, ohne seine Schwester endgültig ausschalten zu können. Immerhin erwirkte er 1225 von Kaiser Friedrich II. die Eventualbelehnung mit der Mark Meißen. Zwei Jahre später, unmittelbar nach Ludwigs Tod, konnte diese Option auf seinen Sohn Hermann II. ausgedehnt werden. Falls Heinrich der Erlauchte gestorben wäre, hätten die thüringischen Landgrafen die Mark Meißen an sich gebracht.

Doch Heinrich erfreute sich bester Gesundheit. Mit Herzog Albrecht von Sachsen wurde ein zweiter Vormund benannt, über dessen Handlungsweise nichts weiter zu berichten ist.

Um 1234, dem Jahr seiner Heirat mit der Österreicherin Konstantia, nahm der junge Markgraf die Regierung in die eigenen Hände. Seine kriegerischen Intentionen wandten sich zunächst in Richtung Nordosten. Heinrich hatte mit dem Hochmeister des Deutschen Ordens, Hermann von Salza, Bekanntschaft geschlossen. Dieser Ritterorden eroberte Gebiete an der Ostseeküste, und der Wettiner beteiligte sich 1237 an der Unterwerfung der einheimischen Nichtchristen. Im brandenburgischen Land bekam er die Burgen Köpenick und Mittenwalde zugesprochen, verlor sie jedoch nach einer schweren Niederlage gegen die Markgrafen Johann und Otto wieder.

3. 2. Der Erwerb der Landgrafschaft Thüringen

Zum staufischen Kaiser Friedrich II. bewahrte Heinrich der Erlauchte eine nicht ganz uneigennützige Loyalität. Um 1242/43 erhielt er die Eventualbelehnung von

Thüringen und verlobte seinen Sohn Albrecht mit der Tochter des Reichsoberhauptes. Heinrich faßte offenbar ins Auge, sein Territorium nach Westen auszudehnen und neben Thüringen auch das pleißnische Königsterritorium unter Kontrolle zu bringen.

Selbst als 1246 der thüringische Landgraf Heinrich Raspe zum Gegenkönig gewählt wurde, wandte sich Heinrich der Erlauchte nicht gegen den Kaiser, sondern verhielt sich neutral. Der Tod des Thüringers am 16. Februar 1247 beendete nicht nur den begonnenen Thronstreit, sondern eröffnete den Weg, Thüringen in den wettinischen Machtbereich einzubeziehen. Eigentlich hätte jetzt die Eventualbelehnung für Heinrich den Erlauchten eintreten müssen, doch erhoben mehrere Kontrahenten ihren Anspruch.

Anstelle einer geregelten Übernahme schloß sich von 1247 bis 1263 der thüringisch-hessische Erbfolgekrieg an. Der Krieg um das ludowingische Erbe konnte offen ausbrechen, weil die Reichsgewalt gelähmt war. Der Kaiser Friedrich befand sich im Kirchenbann, und als er 1250 starb, kollabierte bald das staufische Königtum. In Deutschland dauerte fast zwei Jahrzehnte das sog. Interregnum an, in denen verschiedene Könige miteinander rivalisierten und keiner sich richtig durchzusetzen vermochte.

Mit Heinrich Raspe waren die Ludowinger ausgestorben, die seit 1130/31 die Landgrafschaft Thüringen innehatten. Sie hatten auch ausgedehnte Landstriche in Hessen besessen, worauf der Meißner Markgraf allerdings keinen Anspruch erhob. In der Eventualbelehnung hatte er nur die thüringischen Besitzungen sowie die Pfalzgrafschaft Sachsen, ein nicht großes Gebiet um Sangerhausen, in Aussicht gestellt bekommen. Ebenfalls Ansprüche verfocht Siegfried von Anhalt, dessen Mutter eine Schwester Heinrich Raspes war. Mit einer weiteren Schwester des letzten Ludowingers war Herzog Albrecht von Sachsen-Wittenberg verheiratet.

Als erste Anwärterin auf die hessischen Anteile erwies sich Sophie, die Tochter der heiligen Elisabeth. Sie hatte den Herzog Heinrich II. von Brabant geheiratet und beanspruchte das Erbe für ihren minderjährigen Sohn Heinrich, genannt >das Kind von Brabant<. Auch die braunschweigischen Herzöge Otto und Sohn Albrecht griffen in die Auseinandersetzungen ein, und schließlich versuchten der Erzbischof von Mainz und der Abt von Fulda, hessische Anliegen aus der ludowingischen Erbmasse an sich zu bringen.

Heinrich der Erlauchte brachte den Halbbruder Hermann von Henneberg auf seine Seite, indem er ihm Schmalkalden vermachte. Heinrich gelang es ziemlich schnell, über seine Gegner zu dominieren. Er schlug 1248 den Anhaltiner Siegfried, der die Pfalzgrafschaft Sachsen besetzt und für sich beansprucht hatte. Der thüringische Adel, der Widerstand leistete, mußte zum größten Teil am 1. Juli 1249 zu Weißenfels Heinrich huldigen. Zu Mittelhausen, dem thüringischen Landgericht bei Erfurt, verkündete der Meißner 1250 einen Landfrieden. Damit konnte er sich als oberste Rechtsinstanz Thüringens durchsetzen. Anschließend zog er nach Eisenach, wo er mit Sophie am 2. März 1250 faktisch einen Beistandsvertrag schloß. Sie übergab ihm formal Hessen und die Wartburg auf zehn Jahre, in denen er die Vormundschaft über ihren Sohn ausüben sollte.

Heinrich der Erlauchte wurde im Jahre 1254 zu Merse-

Markgraf Heinrich von Meißen und Sophie von Brabant treffen aufeinander, Zeichnung in der Landeschronik von Hessen und Thüringen des Wigand Gerstenberg (1457–1522)

burg vom deutschen König Wilhelm von Holland mit der Landgrafschaft Thüringen belehnt, womit der bisherige Anspruch auch rechtsverbindlich sichergestellt war.

Nun stand noch der Kampf um die westlichen Vorposten Eisenach und Creuzburg bevor, die auch von Sophie von Brabant beansprucht wurden. In Herzog Albrecht von Braunschweig-Lüneburg fand sie einen mächtigen und kriegswilligen Helfer. Sie verheiratete 1254 ihre Tochter Elisabeth mit dem neuen Verbündeten und neun Jahre später ihren Sohn Heinrich mit Albrechts Schwester.

Zusammen mit dem Schwiegersohn fiel Sophie im Jahre 1259 erneut in Thüringen ein. Creuzburg brannte sie nieder. Eisenach konnte sie einnehmen, doch auf der Wartburg behauptete sich die meißnische Besatzung. Danach mußte sie sich wieder nach Hessen wenden, wo der Mainzer Erzbischof gegen sie vorgegangen war.

Die Wettiner konnten schließlich 1262 Eisenach erobern. Das Strafgericht soll der Sage nach besonders den Bürgermeister Felsbach getroffen haben. Mit einem Wurfgerät, einer Blide, wurde er zu Tode geschleudert, und mit seinem letzten Lebenshauch soll er geröchelt haben: >Und das Land Thüringen gehört doch dem Kinde von Brabant!<

Das >Kind< war inzwischen groß genug geworden, um selbst politisch handeln zu können. Heinrich, der Sohn Sophies von Brabant, sicherte sich die Unterstützung des braunschweigischen Herzogs Albrecht sowie weiterer Verbündeter. Diese fielen in Thüringen ein und verheerten besonders den Landstrich um Naumburg und Merseburg.

Heinrich der Erlauchte zog sich nach Böhmen zurück, und seine beiden Söhne Dietrich und Albrecht verschanzten sich im befestigten Leipzig. Den Umschwung schaffte der Schenk Rudolf von Vargula. Seine Familie hatte schon unter den Ludowingern das Schenkenamt treu versehen. Er schlug die vereinigten Eindringlinge Ende Oktober 1263 zu Besenstedt bei Wettin entscheidend. Nachdem er seine Truppen durch Männer der Markgrafensöhne verstärkt hatte, wagte er mit geringen Kräften einen nächtlichen Handstreich. Die Gegner erlitten nicht nur schmerzliche Verluste, sondern Herzog Albrecht von Braunschweig geriet auch in Gefangenschaft.

Der Erbfolgekrieg war damit entschieden, sein Abschluß wurde in Verhandlungen ausgetragen. Der Braunschweiger mußte neben einem beträchtlichen Lösegeld besetzte Grafschaften an der Werra herausgeben. Die Wettiner reichten sie an den ludowingisch-brabantischen Heinrich weiter, der sie Hessen einverleibte. Mit dem Sohne Sophies einigten sich die Wettiner 1264 grundlegend. Damit beginnt die Geschichte der selbständigen Landgrafschaft Hessen. Der Sproß der Ludowinger führte die Kontinuität des alten Landgrafengeschlechts weiter und brachte auch das Wappen ein: den rot-weiß gestreiften Löwen auf blauem Grund. Seit diesem Zeitpunkt blieb Thüringen auf Dauer von Hessen getrennt und war politisch mit seinem östlichen Nachbarn verbunden.

Im Jahre 1265 erfolgte die formale Teilung des wettinischen Gesamtterritoriums zwischen Heinrich dem Erlauchten und seinen beiden Söhnen Albrecht und Dietrich. Eigentlich wurde nur ein Zustand festgeschrieben, der sich seit einiger Zeit herausgebildet hatte. Seit Mitte der 50er Jahre, als noch der Erbfolgekrieg tobte, besorgte Albrecht die wettinischen Belange in der Pfalzgrafschaft Sachsen und in Thüringen; das Königsland Pleißen kam durch die Heirat mit der Kaisertochter Margarete hinzu. Sein Bruder Dietrich erhielt einen Teil der früheren Ostmark, der nach dem Hauptort >Markgrafschaft Landsberg< genannt wurde.

Heinrich selbst behielt sich die beiden Markgrafschaften Meißen und Lausitz vor. Er war offenbar bestrebt, sich immer mehr von der Politik und bewaffneten Kämpfen zurückzuziehen. Allerdings ließen ihm die eigenen Verwandten keine rechte Ruhe, sondern schlugen wiederholt aufeinander ein. Der Sohn Albrecht der Entartete wandte sich gegen den Vater, mußte aber 1270 in einer Urkunde von Tharandt feierlich versprechen, ihn und den Bruder nicht zu verfolgen oder gefangenzunehmen. Dieser Einblick in die Familienbeziehungen ist durchaus typisch.

3. 3. Der Rückzug auf die Mark Meißen

Heinrich der Erlauchte dürfte nicht unbegrenzt Muße gefunden haben. Er zog sich zunehmend nach Dresden zurück, das er ab Ende der 60er Jahre bevorzugte; bis in die 50er Jahre hatte er Meißen den Vorrang gegeben. Heinrich selbst gehörte zu den Dichtern der mittelalterlichen Hofkunst. Dabei konnte er an das Wirken seiner Vorfahren anknüpfen, denn am Hofe seines Vaters Dietrich hatten bereits die Minnesänger Walther von der Vogelweide und Heinrich von Morungen geweilt, und seine Mutter Jutta war die Tochter des thüringischen Kunstmäzens Hermann I.

Allerdings kannte er diese Begebnisse nicht aus eigenem Erleben. Seine Jugend verbrachte er übrigens nicht am Wiener Hof der Babenberger, dem bedeutendsten Musensitz seiner Zeit, auch wenn er dort seine erste Gat-

Markgraf Heinrich der Erlauchte (gest. 1288), Miniatur aus der manessischen Handschrift (um 1310 bis 1330)

tin zum Traualtar führte. Vielmehr wuchs er am ebenfalls kunstfreudigen hennebergischen Hofe seines Schwiegervaters Poppo VII. auf. Dessen leiblicher Bruder Otto von Botenlauben zählte ebenfalls zum Kreis der Sänger.

Die höfische Dichtkunst hatte bereits ihren Zenit überschritten, doch am meißnischen Markgrafenhof erlebte sie eine späte Blüte. Vermutlich holte Heinrich der Erlauchte eine ganze Reihe von Sängern an seine Residenz, darunter den Tannhäuser und den aus dem Sängerkrieg auf der Wartburg bekannten Reinmar von Zweter. Von ihm selbst sind sechs weltliche Lieder sowie geistliche Musik überliefert.

Der Stammbaum der meißnischen Wettiner, bei Dietrich dem Bedrängten und Heinrich dem Erlauchten auf jeweils eine Person geschrumpft, verzweigte sich erneut. Heinrich heiratete dreimal. Mit seiner ersten Gemahlin Konstantia wurde er bereits 1225 verlobt und 1234 vermählt. Ihr Vater war der österreichische Herzog Leopold VII. aus dem Geschlecht der Babenberger. Sie starb im Jahre 1243. Zwei Söhne hatte sie zur Welt gebracht; Albrecht der Entartete war 1240 geboren, Dietrich von Landsberg zwei Jahre darauf.

Ein oder zwei Jahre nach dem Tod der ersten Gattin, also 1244 oder 1245, heiratete Heinrich der Erlauchte zum zweiten Mal. Die neue Gemahlin namens Agnes hatte den böhmischen König Ottokar II. Przemysl zum Vater, der ein mitteleuropäisches Reich von der Ostsee bis zur Adria erstrebte und außer Böhmen schon Österreich und Kärnten erworben hatte. Dann jedoch wurde er in der Schlacht auf dem Marchfeld bei Dürnkrut 1278 vom deutschen König Rudolf von Habsburg besiegt und fand den Tod. Die Wettiner kämpften auf böhmischer

Seite. Agnes verstarb 1268. Zu ihrem Seelenheil stiftete Heinrich die Klöster Neuzelle und Seußlitz.

Die dritte Ehe ging Heinrich der Erlauchte zwischen 1268 und 1273 mit Elisabeth von Maltitz ein. Sie stammte aus dem Ministerialenstand und war nicht ebenbürtig. Erst 1279 wurde die Verbindung für rechtmäßig erklärt, so daß der inzwischen geborene Sohn nunmehr einen Erbteil erhalten konnte. Er hieß Friedrich und bekam später Dresden sowie einige andere Städte. Elisabeth überlebte ihren Gatten um Jahrzehnte.

Heinrich der Erlauchte starb im Jahre 1288, u. zw. noch vor dem 8. Februar. Im Hauskloster Altzella wurde er bestattet. Mit seinem Tod nahmen die Auseinandersetzungen zwischen seinen Nachfolgern an Schärfe zu, und bald streckte das Königtum die Hand nochmals nach den wettinischen Ländern aus.

4. Albrecht der Entartete (ca. 1255 –1307)

Albrecht ging als >der Entartete< (lateinisch >Degener<) in die Geschichte ein. Der Beiname entstand nicht zu seinen Lebzeiten, sondern kam erst in der ersten Hälfte des 16. Jahrhunderts auf. Dem zweiten thüringischen Landgrafen wettinischer Herkunft werden verschiedene charakterliche Mängel wie Verschwendungssucht und fehlender Familiensinn nachgesagt. Ob man seinen Charakter aus den Überlieferungen richtig beurteilen kann, soll dahingestellt bleiben, auf jeden Fall war er einer der erfolglosesten Landgrafen, der die wettinische Herrschaft über Thüringen fast verspielte.

Eigentlich begann Albrechts Herrschaftszeit recht vielversprechend. Ausgangs des Erbfolgekrieges überließ ihm

Albrecht der Entartete, Fürstenzug zu Dresden, Wilhelm Adolf Walther, Porzellankacheln, 1872–1876

sein Vater Thüringen und das Pleißenland. 1265 trat er auch formal die Herrschaft an. Die Vormacht der Wettiner war in Thüringen zunächst unbestritten, und seine östlichen Nachbarn waren die unmittelbaren Verwandten. Doch gerade mit ihnen legte sich Albrecht immer wieder an. Seinen heranwachsenden Söhnen überließ er 1285 eigene Landesteile. Danach wechselten Feindseligkeiten und unbeständige Einigungen einander ab. Die Wettiner führten gegeneinander regelrechte Kriege, verwüsteten das Land und setzten sich wechselseitig in Haft. So hielt Albrecht 1281 seinen Sohn Diezmann auf der Wartburg fest; andererseits erklärte einmal der Sohn Friedrich der Freidige den Vater zum Gefangenen. Besonders nach dem Tode Heinrichs des Erlauchten 1288 schlugen die Verwandten aufeinander ein.

4. 1. Die Bedrohung der wettinischen Landesherrschaft durch das Königtum

Am gefährlichsten für die wettinische Herrschaft wurde jedoch das Königtum, das ab etwa 1290 zwei Jahrzehnte lang versuchte, im mitteldeutschen Raum ein ausgedehntes Königsland aufzubauen und die Wettiner als Konkurrenten auszuschalten. So unterschiedlich die deutschen Könige dieser Zeit im einzelnen waren, so verfolgten sie hierbei dasselbe Ziel. Das trifft auf Rudolf I. (bis 1291), Adolf I. (1292–1298), Albrecht I. (1298–1308) und Heinrich VII. (ab 1308) gleichermaßen zu.

Rudolf I. begann zunächst nicht mit einem Schlag gegen die Stellungen der Wettiner. Von Dezember 1289 bis Oktober 1290, also fast elf Monate lang, residierte er in Erfurt. Er sicherte den Frieden des Landes, nahm in einem Zuge 29 Raubritter gefangen und ließ insgesamt 70 Burgen der Wegelagerer zerstören.

Von Erfurt zog er im November 1290 weiter nach Altenburg und brach hier die ersten Steine aus dem Territorialgebäude der Wettiner. Die inzwischen bedeutungsarme Pfalzgrafschaft Sachsen – ein Gebiet um Allstedt – an die Askanier zu vergeben, ließ es noch nicht wanken. Doch forderte er auch das alte Reichsgebiet um Altenburg für das Königtum zurück. Es handelte sich um das erwähnte Pleißenland, das sich bis über größere Teile des Erzgebirges erstreckte.

Über Altenburg setzte er einen Burggrafen ein. Damit verfügte er über ein Kernstück inmitten des wettinischen Gesamtlandes. Ansonsten bestätigte er die Stellung der Wettiner in Thüringen und den Markgrafschaften Meißen, Lausitz und Landsberg. Die Grafschaften Brehna und Wettin sowie die Pfalzgrafschaft Sachsen gingen allerdings den Wettinern verloren.

Für weitere Unsicherheiten sorgten diese selbst, als 1291 Friedrich Tuta starb und seine Länder Meißen und Landsberg verteilt wurden. Albrecht der Entartete machte nun seinem Namen alle Ehre und trieb, ständig in Geldnöten, ein klägliches Doppelspiel. Einerseits verkaufte er 1293 zu Triptis seinem Sohn Diezmann die Landgrafschaft Thüringen, andererseits vermachte er sie für Geld an König Adolf, den eigentlichen Lehensträger. Albrecht hatte sich lebenslangen Besitz vorbehalten, doch der König wollte so lange nicht warten und fiel 1294 sowie im folgenden Jahr mit Heeresmacht in Thüringen ein. Auch andere wettinische Länder bekamen die Segnungen des edlen Kriegshandwerks zu spüren. 1296 hatte der König die Wettiner aus ihren Hauptländern geworfen und vermeldete in Altenburg die Reichshoheit über Thüringen, Meißen und das Osterland – das meint in dieser Zeit den südlichen Teil der damaligen Mark Landsberg mit den Zentren Leipzig und Weißenfels.

Der Tod König Adolfs 1298 ließ die Söhne Albrechts des Entarteten wieder hoffen. Doch nicht einmal Thüringen bekamen sie zurück, obwohl der neue deutsche König Albrecht I. von Habsburg ein Schwager Friedrichs des Freidigen war. Die Landgrafschaft ging als Pfand an den König von Böhmen, der sie mit Gewinn an die Markgrafen von Brandenburg weiterreichte.

Albrecht der Entartete, nachdem er sich 1303 mit seinen Söhnen erneut entzweit und 1305 wieder vertragen hatte, setzte zu seinem endgültigen politischen Bankrott an. Auf einem Treffen zu Fulda im Juli 1306 versprach er dem König seine offenbar letzten Besitzungen – die Wartburg und die Stadt Eisenach. Zwar konnten ihn seine Söhne umstimmen, doch nun rebellierte die Einwohnerschaft von Eisenach. Mit Frau und Schwiegertochter war Albrecht auf der Wartburg eingeschlossen. In dieser Situation überließ er nach einem Vertrag vom 18. Januar 1307 seinem Sohn Friedrich dem Freidigen die Geschicke der Wartburg und des thüringischen Landes. Für den Rest seiner Tage zog er sich nach Erfurt zurück.

4. 2. Die Familie Albrechts des Entarteten

Die politische Karriere Albrechts des Entarteten war keineswegs ein Glanzstück, und auch seine Familienverhältnisse sind kein Vorbild für einen Sittenroman. Dafür haben sie das Interesse am Fabulieren hervorgerufen. Dreimal war er verheiratet: mit der Königstochter

Margarete, mit Kunigunde von Eisenberg und mit Elisabeth von Arnshaugk.

Der Bruch mit seiner ersten Gemahlin Margarete erfuhr eine sagenhafte Ausschmückung. Im Landgrafenzimmer des Palas der Wartburg hat der Maler Moritz von Schwind die Geschichte illustriert. Der entartete Landgraf tafelt gerade, als Kunigunde, die neue Venus, hereintritt und seine Sinne fesselt. Die angetraute Gattin senkt schon ahnungsvoll ihr Haupt, denn sie fühlt ihr schlimmes Schicksal.

Wie die Sage berichtet, war Albrecht für seine neue Favoritin Kunigunde von Eisenberg derart entflammt, daß er sie unbedingt heiraten mußte. Um seine eheliche Hälfte loszuwerden, wies er den Eseltreiber der Wartburg an, ihre Ermordung in die Wege zu leiten. Der brave Mann aus dem einfachen Volke war solch bösen Tuns natürlich unfähig und offenbarte sich der Herrin. An Stricken seilte er sie von der Burg ab und half ihr zu entkommen.

Der sog. Margarethengang auf der Wartburg

Das sog. Eseltreiberstübchen auf der Wartburg

Der Sagenstoff ging auf der Wartburg in greifbares Material über, als im 19. Jahrhundert einer der Wehrgänge als >Margarethengang< eine neue Bezeichnung erhielt. Ein alter Schützenerker wurde zu einer kleinen Wohnzelle umgestaltet und zum >Eseltreiberstübchen< erhoben. Die sympathischen Geschichtsfälschungen haben sich bis heute erhalten.

Das Gastmahl Albrechts des Entarteten, Fresko im Palas der Wartburg, Moritz von Schwind, 1854

Die Überlieferung, wahr oder unwahr, gibt zugleich Zeugnis von der wahrhaftigen Existenz der Wartburgesel. Die Burg hatte keinen Brunnen, weil der Fels es unmöglich machte, einen Stollen zu schachten. Von einer Quelle schleppten die Esel das Trinkwasser in Fässern bergauf.

Bei allem, was diese Sage umrankt, schält sich als historischer Kern heraus: Albrecht trennte sich von seiner ersten Gemahlin und heiratete seine Geliebte Kunigunde von Eisenberg. Margarete, die erste Gattin, entfernte sich

vom thüringischen Hof und starb bald darauf, am 8. August 1270, im fernen Frankfurt/M. Daß sie mit dem Tode bedroht wurde und in abenteuerlicher Weise von der Wartburg fliehen mußte, wird von den Quellen widersprüchlich berichtet und läßt eher an spätere Ausschmückung denken.

Die Ursachen der Trennung lagen wohl kaum in einer plötzlich entflammten Leidenschaft für eine andere Frau. Bereits in jungen Jahren, er 14jährig, sie wahrscheinlich drei Jahre älter, wurden beide 1254 oder 1255 getraut – eine reine Vernunftsheirat. Margarete war die Tochter des staufischen Kaisers Friedrich II. Dessen Tod im Jahre 1250 war nur eine Stufe im Niedergang des einstigen Herrschergeschlechts. Als sein Enkel Konradin 1268 in Neapel geköpft wurde, versank es in die Bedeutungslosigkeit. Bis zur Vertreibung Margaretes vergingen nur zwei Jahre.

Nicht richtig wird in der Sage wiedergegeben, daß Albrecht erst kurz vor der Vertreibung Margaretes mit seiner neuen Favoritin Kunigunde zusammentraf. Offenbar teilten sie schon viele Jahre das Bett, denn der Sohn Apitz wurde lange vor 1270 geboren und war ein vorehelicher Bastard, der nicht voll erbberechtigt war. Da Kunigunde von weit geringerem Adel als die Königstochter war, muß sie andere Vorzüge denn Macht und Einfluß besessen haben. Die Heirat erfolgte noch 1270.

Sie starb im Jahre 1286 und wurde im Eisenacher Katharinenkloster bestattet. Bereits 1290 heiratete Albrecht ein drittes Mal. Seine letzte Frau sollte ihn überleben. Sie hieß Elisabeth von Arnshaugk, war die Witwe eines Grafen von Lobdaburg und brachte die Herrschaft Arnshaugk sowie einige Städte in die Ehe mit, darunter Triptis. Kinder schenkte sie Albrecht nicht mehr, doch verstand sie sich offenbar mit ihren Stiefkindern. Apitz erhielt ihre Hochzeitsgabe und nahm in Triptis seinen Sitz. Ihre gleichnamige Tochter wurde Friedrich dem Freidigen vermählt. Die Frau Albrechts vermittelte offensichtlich auch 1306/07 während der Auseinandersetzung mit den Eisenachern zwischen ihrem Gatten und Friedrich dem Freidigen. Sie folgte ihrem Gatten nach Erfurt, wo sich ihre Spur verliert.

Albrecht der Entartete hatte mindestens sieben Kinder, vier Jungen und drei Mädchen. Aus der Ehe mit Kunigunde von Eisenberg stammte der genannte Sohn Apitz, welcher der Liebling des Vaters war. Er trug den Namen des

Vaters und wurde auch Albrecht der Jüngere genannt, – >Apitz< ist eine Kurzform von Albrecht. Die fast gleichberechtigte Stellung des Bastards zeigt sich auch darin, daß kein ehelicher Sohn den gleichen Namen erhielt. Wenn der ältere Halbbruder Heinrich 1256 und Friedrich der Freidige 1257 geboren wurden, könnte Apitz mit dem Vatersnamen zwischen beiden zur Welt gekommen sein, und wir hätten mit 1256/57 sein Geburtsdatum ziemlich genau.

Er lebte bis 1290 am Hofe des Vaters, zog dann vorübergehend nach Triptis. Zu diesem Zeitpunkt hatte er bereits selbst für eine heiratsfähige Tochter namens Lukardis zu sorgen. Einige Jahre später bewohnte Apitz Schloß Tenneberg, das heute zu Waltershausen gehört und auf halber Strecke zwischen Eisenach und Gotha liegt. Wie seine Brüder im großen, führte Apitz seine Kriege im kleinen. Er überfiel die Besitzungen des Klosters Reinhardsbrunn, des Hausklosters der vormaligen thüringischen Landgrafen. Als die Bedrängten zurückzahlten, lief er zu seinem Vater und veranlaßte einen Streit mit dem Kloster, der nur mühevoll beigelegt werden konnte. Wahrscheinlich ist Apitz 1306 gestorben und wurde im Eisenacher Katharinenkloster bestattet.

Trotz der Lieblosigkeit zu seiner ersten Frau Margarete war diese Ehe Albrechts nicht unfruchtbar; ihr entsprangen die Söhne Heinrich, Friedrich und Diezmann sowie die Töchter Agnes, Elisabeth und Margaretha.

Die Tochter Agnes hatte sich schon mit dem Prinzen Albrecht von Braunschweig verlobt, als sie von dessen Bruder Heinrich kurzerhand entführt und ehelich vereinnahmt wurde, – wenigstens blieb alles in der einflußreichen Familie. Weit weniger standesgemäß kam ihre

Schwester Elisabeth unter, die einem Grafen von Frankenstein zur Seite gegeben wurde. Auch Lukardis, die Tochter von Apitz, wurde mit einem Frankensteiner vermählt. Dieses Grafengeschlecht hatte ein halbes Jahrhundert vorher noch über umfangreiche Besitzungen in Thüringen verfügt. Fälschlich wird ihm auch die Burg Metilstein, wenige hundert Meter gegenüber der Wartburg, zugeschrieben. Inzwischen hatte es unter den vielen Kriegen sehr an Einfluß verloren, und eine eheliche Verbindung war keine gute Partie.

Der älteste Sohn Albrechts des Entarteten, 1256 geboren, wurde nach dem Großvater benannt und hieß demzufolge Heinrich. Sein Beiname lautete >von Altenburg<. Schon früh wurde er vom Vater mit der Herrschaft des Pleißenlandes betraut, dessen Verwaltungszentrum Altenburg darstellte. Wahrscheinlich starb er bereits 1282. Er hatte eine schlesische Herzogstochter namens Hedwig geheiratet.

Sein Sohn ließ schließlich die Ansprüche über das Land des Vaters fallen und zog zu den Verwandten seiner Mutter nach Schlesien. Dort blieb ihm weiterer Abstieg nicht erspart, so daß er schon von Zeitgenossen Friedrich >Aneland< (>ohne Land<) betitelt wurde. Letztlich mußte er einen Teil seines Unterhaltes vom Tuchhandel bestreiten. Was für die Masse des Volkes nur ein Wunschtraum war, mußte auf den Abkömmling eines Kaiserhauses demütigend wirken.

4. 3. Markgraf Diezmann

Auf Friedrich den Freidigen wird noch ausführlich einzugehen sein. Er behauptete nach dem Ausscheiden des Vaters nicht nur die Landgrafschaft Thüringen, sondern vereinigte am Ende seiner Herrschaft sämtliche wettinischen Lande in einer Hand. Der jüngste Sohn Albrechts des Entarteten, 1260 geboren, hieß wie sein Oheim Dietrich und wird in der historischen Literatur zur Unterscheidung meist Diezmann genannt: >Diez< ist eine Kurzform von Dietrich.

Seine politische Karriere begann er mit einem grandiosen Fehlstart. Als Einundzwanzigjähriger lehnte er sich gegen den Vater auf, worauf ihn ein thüringischer Graf kurzerhand gefangennahm und an Albrecht auslieferte. Der setzte ihn auf der Wartburg in Haft, wo Diezmann ein Jahr lang in Ruhe über seine weiteren Pläne nachdenken konnte. Immerhin besaß er schon so viel Einfluß, daß sich Getreue fanden, ihn zu befreien. Mit dem Vater schloß er vorerst Frieden, doch im folgenden Jahrzehnt gerieten sich beide wiederholt in die Haare. Als 1285 die Zuständigkeiten neu geregelt wurden, bekam Diezmann mit dem Pleißenland einen beachtlichen Happen ab, den er aber fünf Jahre später an den König abtreten mußte.

Vorübergehend wurde die Mark Lausitz, worunter man die Niederlausitz verstand, sein Hauptland. Im Jahre 1290 erhielt er sie von König Rudolf sogar als königliches Lehen bestätigt. Allerdings konnte Diezmann sie nicht halten, sondern mußte die Mark ein reichliches Jahrzehnt später verkaufen, wonach sie an den Markgrafen von Brandenburg fiel.

Dafür wandte sich Diezmann wieder Thüringen zu.

Bereits 1282, kurz nach seiner Gefangenschaft, hatte er eine hennebergische Grafentochter geheiratet, um sich mit dem thüringischen Adel auszusöhnen. Im Vertrag von Triptis 1293 vermachte ihm der Vater die Landgrafschaft Thüringen. Wegen des Einmarsches königlicher Truppen blieb der Vertrag Makulatur, doch einige Positionen besaß Diezmann durchaus. 1295 konnte er bei Eisenberg über Soldaten des Königs siegen, und zusammen mit seinem Bruder Friedrich dem Freidigen betrieb er in der Folgezeit die Rückeroberung der wettinischen Lande.

Ein entscheidender Schlag gelang beiden 1307 in der Schlacht von Lucka, einem kleinen Städtchen bei Altenburg. Sie erfochten einen blutigen Sieg über den Statthalter des Königs.

Diezmann starb jedoch am 10. Dezember des gleichen Jahres 1307. Seine letzte Ruhe fand er in der Paulinerkirche zu Leipzig. Die Paulinerkirche wurde später zur Hauptkirche der Leipziger Universität. Eine überlebensgroße Holzstatue, die Diezmann mit dem thüringischen Wappenschild zeigt, wurde in der ersten Hälfte des 14. Jahrhunderts angefertigt und fand an der Begräbnisstätte für lange Zeit ihren Standort. Ende der 60er Jahre des 20. Jahrhunderts wurde die Leipziger Universitätskirche in einer mehr als zweifelhaften Aktion gesprengt, um den Universitätsneubauten zu weichen. Diezmanns Statue befindet sich nunmehr im Museum des Leipziger Alten Rathauses.

Seine Todesursache ist nicht überliefert, was die Geschichtsschreibung nicht davon abhielt, von einer Erdolchung in der Leipziger Thomaskirche zu berichten. Die zeitgenössischen Chroniken dagegen wissen nichts von einem unnatürlichen Ende. Diezmann starb ohne erbberechtigte Nachkommen. Sein Bruder Friedrich der Freidige trug nunmehr Besitz und Feindschaften allein.

Markgraf Diezmann (gest. 1307) mit thüringischem Wappenschild, farbige Holzstatue aus dem 1. Viertel des 14. Jahrhunderts, Kunstsammlung der Universität Leipzig

4. 4. Eine Seitenlinie der Wettiner

Um die Verästelungen am Stammbaum der Wettiner zu verstehen, muß man auf den kurzen Seitenzweig eingehen, der sich durch Dietrich von Landsberg abgabelt. Albrecht der Entartete hatte einen Bruder namens Dietrich. Als der Vater Heinrich der Erlauchte sich nach Dresden zurückzog, erhielt Dietrich 1263 ein eigenes Herrschaftsgebiet, genau wie Albrecht die Landgrafschaft Thüringen. Für Dietrich wurde die Markgrafschaft Landsberg neu gebildet. Sie erstreckte sich von der Mulde bis zur mittleren Saale und schloß solche Orte wie Leipzig und Weißenfels ein. Der namensgebende Ort Landsberg liegt östlich von Halle und nördlich von Leipzig.

Gewöhnlich wird die Bezeichnung >Dietrich von Landsberg< gewählt. Daneben existieren noch zwei weitere Beinamen, u. zw. >der Fette< und >der Weise<. Beide könnten auf eine charakterliche Behäbigkeit hindeuten, und eine solche wird Dietrich auch nachgesagt, – den Opfern seiner Kriegsabenteuer wird es freilich kaum genutzt haben. Er war nämlich nicht zurückhaltender als seine Verwandten, wenn es galt, Kriege zu führen und die Gebiete der Gegner zu verwüsten.

Am 8. Februar 1285 ereilte ihn der Tod; einer Überlieferung nach soll er vergiftet worden sein. Seiner Nachkommenschaft kommt keine langwährende Bedeutung zu. Die beiden Töchter Sophie und Gertrud beendeten ihr Leben in einem Kloster zu Weißenfels. Spekulationen gibt es über eine Verlobung oder eventuelle Heirat des Staufers Konradin mit Sophie.

Der Sohn Friedrich Tuta versprach zunächst, eine ähnliche Laufbahn als Machthaber und Zerstörer umliegender Gebiete zu nehmen wie seine Cousins. Den Beinamen Tuta, Tutta, o. ä. führte er schon zu Lebzeiten, die Bedeutung ist unbekannt. Nach dem Tode des Vaters trat er die Nachfolge in der Mark Landsberg an. Als 1288 sein Großvater Heinrich der Erlauchte starb, wurden die wettinischen Karten, wie erwähnt, neu gemischt, und Friedrich Tuta erhielt die Mark Meißen.

Als er auf dem besten Wege war, seine Macht zu stabilisieren, raffte ihn am 16. August 1291 der Tod dahin. Er zählte 22 Jahre. Eine spätere Überlieferung berichtet, ihm seien vom Bischof von Meißen vergiftete Kirschen vorgesetzt worden. Die zeitgenössischen Berichte wissen jedoch nichts davon, und die Geschichte dürfte eine der vielen Phantastereien mittelalterlicher Historienschreiber sein.

Da Friedrich Tuta keinen männlichen Nachkommen hinterließ, endet hier bereits diese Seitenlinie des wettinischen Hauses. Die Verwandten teilten das Erbe unter sich auf. Friedrich der Freidige beanspruchte die Mark Meißen, doch brauchte er fast bis ans Ende seiner Regierungszeit, um sich gegen äußere Konkurrenten durchzusetzen.

4. 5. Albrecht der Entartete in Eisenach und auf der Wartburg

Die Mark Landsberg erhielt Albrecht der Entartete. Ständig in Geldsorgen, verpfändete er sie an den Markgrafen von Brandenburg. Den südlichen Teil mit Leipzig und Weißenfels, hinfort das Osterland genannt, teilten Friedrich und Diezmann unter sich auf.

Die wenig schmeichelhaften Seiten Albrechts des Entarteten werden in der historischen Literatur mitunter etwas auszugleichen oder nur abzuschwächen versucht, indem man auf seine Förderung des Städtewesens hinweist. Daran stimmt zunächst, daß in seiner Regierungszeit die Stadtgemeinde Eisenachs einige Vergünstigungen erfuhr. Andere Städte erlangten nach diesem Vorbild die gleichen Rechte. In Eisenach stand bisher der Verwaltung ein Schultheiß vor, der hier nicht mit dem Bürgermeister gleichzusetzen ist, sondern der Beamte des Landesherren war. Ab 1286 traten zwei Vertreter der Bürgerschaft an seine Seite, nachdem bereits 1283 ein neues Stadtregiment (Stadtrecht) erlassen worden war. Darin fand der im Mittelalter weitverbreitete Grundsatz >Stadtluft macht frei< seine Anwendung: Wenn ein entlaufener Leibeigener ein Jahr und einen Tag in der Stadt weilte, besaß sein Herr keine Rechte mehr über ihn. Die Aussicht, in der Stadt persönliche Freiheit zu erlangen, zog über Jahrhunderte Landbewohner in die Städte, die dadurch allmählich anwuchsen und die verheerenden Massenseuchen immer wieder ausgleichen konnten.

Zwar zeichnete formal der Landgraf Albrecht die Veränderungen ab, doch geschah dies bei allen Rechtsveränderungen in seinem Einflußbereich. Wahrscheinlich waren aber die neuen Stadtrechte nicht von ihm herbeigeführt, sondern durch die Städtebürger erstritten worden. Wenn ihnen wirklich Albrecht als Wohltäter erschienen wäre, hätten sie sich nicht zwanzig Jahre später, von 1306 bis 1308, durch einen Aufstand gegen ihn und seine Familie zur Wehr gesetzt.

Infolge des thüringisch-hessischen Erbfolgekrieges rückten Eisenach und die Wartburg vom Zentrum eines Herrschaftsgebietes an den äußeren Rand. Langfristig mußte dies den Verlust der Vorrangstellung als Residenzort bedeuten. Unter Albrecht dem Entarteten erfolgte dies jedoch keineswegs, – ganz im Gegenteil sind für ihn die mit Abstand meisten Aufenthalte auf der Wartburg und in Eisenach nachzuweisen. Wahrscheinlich war niemals vorher und nachher die Wartburg derart der Mittelpunkt der Hofhaltung eines thüringischen Landgrafen. Daneben konnte sich eigentlich nur noch Gotha etwas halten.

Mitunter wird vermutet, daß der Hofstaat der Landgrafen lediglich im Sommer die Wartburg aufsuchte und im Winter feste und gut versorgte Plätze in den Städten bevorzugte. Doch sagen die Zeugnisse eindeutig aus, daß Albrecht der Entartete zu allen Jahreszeiten gleichermaßen oft auf der Burg verweilte.

Sein Leben beendete er in Erfurt. Er konnte um so mehr in dieser Stadt Unterschlupf finden, da er sie zu Regierungzeiten meist zuvorkommend behandelt hatte, sehr im Gegensatz zu seinen Söhnen. Er verschied Ende November 1314 und wurde nicht in ehemals eigenem Boden, sondern in der Erfurter Marienkirche, dem Dom, bestattet.

5. Friedrich der Freidige (1307–1321)

Das unstreitbare Verdienst Friedrichs der Freidigen bestand darin, daß er die wettinische Herrschaft zwischen Elbe und Thüringer Wald auf solch sichere Füße stellte, daß sie über viele Jahrhunderte bestehen konnte. Der Beiname >der Freidige< wird am häufigsten verwendet und bedeutet etwa der Starke, Mutige, Tapfere. Zu Lebzeiten war er offensichtlich noch nicht gebräuchlich, sondern erst ein Jahrhundert später durch den thüringischen Geschichtsschreiber Johannes Rothe verbreitet worden.

Bekannt wurde er auch als Friedrich >mit der gebissenen Wange< oder Friedrich >der Gebissene<, lateinisch >Admorsus< – wörtlich >der Benagte<. Dieser Beiname geht auf eine Sage zurück, die folgendes berichtet: Als seine Mutter Margarete vor ihrem Gatten flüchten mußte, weil dieser einer anderen sein Herz geschenkt hatte und sie umbringen wollte, waren die Söhne noch im Säuglings- oder Kleinkindalter. Damit ihre Winzlinge später kenntlich wären, wollte sie jeden durch einen Biß in die Wange zeichnen. Friedrich konnte sie das Mal noch verpassen, dann mußte sie fliehen.

Die Sage ist zwar sehr eingängig und nicht ohne Humor, stimmt nur leider nicht. Eine Flucht Margaretes fand mit gewisser Sicherheit gar nicht statt. Der Knabe war kein Knäblein mehr, sondern bereits 12 oder 13 Jahre alt. Er hätte sich unmöglich beißen lassen, was ja auch nicht mehr notwendig war. Dieser Beiname war den Zeitgenossen nicht geläufig, sondern entstand erst ein Jahrhundert später.

Seine Eltern waren also Albrecht der Entartete und die Kaisertochter Margarete. Als Geburtsjahr wird 1257 angenommen. Über seine Brüder und die meisten sonstigen Verwandten wurde im vorigen Kapitel informiert. Die überwiegende Zeit seit seiner Mündigkeit regierte er, wenn man davon überhaupt sprechen kann, neben seinem Vater. Nur die letzten 15 Jahre herrschte er allein.

5. 1. Die politischen Anfänge Friedrichs des Freidigen

Ähnlich wie der Bruder Diezmann startete Friedrich seine politische Laufbahn mit einem Fehlschlag. Der fiel zwar nicht so lähmend aus, erregte jedoch wesentlich größere Aufmerksamkeit. Nach dem Tode des Kaiserenkels Konradin im Jahre 1268 suchten sich die Parteigänger der Staufer in den italienischen Städten, die Ghibellinen, ein neues Oberhaupt. Man erinnerte sich der Tochter Friedrichs II., Margarete, und trug deren Sohn Friedrich die Krone des süditalienischen Stauferreiches an. Großspurig nannte er sich in einem Schreiben von 1269 >Friedrich III. von Gottes Gnaden König von Jerusalem und Sizilien, Herzog von Schwaben, Landgraf von Thüringen, Pfalzgraf von Sachsen...<. Eine italienische Gesandtschaft hatte ihm nämlich vorgelogen, Konradin habe ihn vor seiner Hinrichtung zum Universalerben eingesetzt.

Die Wettiner nahmen die Sache wohl einige Zeit ernst und gaben sich dem >Kaisertraum< hin. Über drei Jahre zog sich die diplomatische Posse hin und ging letztlich aus wie das Hornberger Schießen.

Danach war es einige Zeit still um Friedrich den Freidigen, bis er 1280 zusammen mit seinem Oheim Dietrich von Landsberg von anhaltinischen Grafen in eine Falle gelockt und gefangengenommen wurde. Es sollte nicht der letzte Anschlag auf ihn sein. In den folgenden Jahren wurde er auf die ziemlich unbedeutende Stelle des Pfalzgrafen von Sachsen abgeschoben.

Die nächste nennenswerte Handlung erfolgte im Juni 1285, als er in Wien heiratete. Seine Gattin namens Agnes stammte immerhin aus dem Hause des damals mächtigen Grafen von Görz-Tirol. Deren Schwester hatte sich bereits elf Jahre vorher mit Albrecht vermählt, dem Sohn des deutschen Königs Rudolf von Habsburg. Als Albrecht 1298 die deutsche Königskrone erstritt, hatte Friedrich der Freidige unversehens das Reichsoberhaupt zum Schwager.

Mit seinem Vater söhnte er sich soweit aus, daß beide jeweils in Thüringen und den anderen Landesteilen regieren sollten, wenn der andere abwesend war. Als 1288 Heinrich der Erlauchte gestorben war und die Wettiner die Landkarte neu einteilten, bekam Friedrich der Freidige nur einige Städte ab, darunter Altenburg. Dabei hatte er wohl alles versucht, sogar seinen Vater gefangengenommen und 1289 zum Vertrag von Rochlitz gezwungen. Auch bei der Lehensvergabe von 1290 durch König Rudolf ging Friedrich der Freidige leer aus.

Doch mit dem Tode seines Cousins Friedrich Tuta 1291 schien endlich seine Stunde gekommen zu sein. Er bemächtigte sich der Mark Meißen und beanspruchte gemeinsam mit seinem Bruder Diezmann Teile des Osterlandes. So nahm Friedrich der Freidige vorerst in Kauf, daß ihn Vater und Bruder 1293 bei der Regelung betreffs Thüringens übergangen hatten.

Den Wettinern standen weit größere Gefahren als die bisherigen Familienzwistigkeiten bevor. Der König Adolf von Nassau fiel 1294 und 1295 mit Heeresmacht ein. Als im Februar 1295 die reiche Bergbaustadt Freiberg von königlichen Truppen eingenommen wurde, gab Friedrich der Freidige sich vorerst geschlagen und floh außer Landes.

Unterschlupf fand der verhinderte Markgraf bei seinen Verwandten in Tirol. Obwohl seine Gattin, die Tiroler Grafentochter, bereits 1293 verstorben war, nahm man ihn gastlich auf. Von hier aus nahm er an einem Feldzug gegen das italienische Verona teil. Die Kindheitserinnerungen an seinen Kaisertraum dürften in ihm wachgeworden sein.

Mitte 1297 zog es ihn nach Prag. Beim Krönungsfest

König Wenzels von Böhmen versammelte sich eine Reihe deutscher Fürsten, die an einem Sturz König Adolfs interessiert sein mußten. Friedrich konnte sich wieder größere Chancen für die Rückgewinnung seines Landes erhoffen.

5. 2. Die Rückeroberung wettinischer Lande

Nach einigen Monaten in den Alpenländern kehrte Friedrich über Böhmen in die Mark Meißen zurück. Seine Unternehmungen ließen sich ganz hoffnungsvoll an. Noch bevor König Adolf am 2. Juli 1298 in der Schlacht dem Ansturm seiner Gegner zum Opfer fiel, konnte Friedrich die ersten Stützpunkte zurückerobern und den Statthalter Adolfs ausschalten. Doch der neue König Albrecht von Habsburg, obwohl sein Schwager, belehnte nicht ihn, sondern den böhmischen König mit der Mark Meißen. Zwar nicht aus allen Positionen verdrängt, mußte sich Friedrich der Freidige nun eine neue Machtbasis aufbauen, die er in Thüringen fand.

Nun näherte er sich wieder seinem Vater Albrecht. Im Sommer 1300 vermählte er sich mit dessen Stieftochter, die wie ihre Mutter Elisabeth von Arnshaugk hieß. Friedrich erhielt neuen territorialen Besitz, nämlich das Erbe der lobdaburgisch-arnshaugkischen Grafen.

Die nächsten Jahre verbrachte er in Thüringen. Hier vermochte er seinen Einfluß zu erweitern. Diesmal setzte er nicht auf militärische Gewalt, sondern mehr auf diplomatische Mittel. Auch in der Mark Meißen gab er nicht sämtlichen Einluß verloren. Der böhmische König hatte diese Mark 1303 an die brandenburgischen Markgrafen verpfändet und war selbst zwei Jahre später verstorben.

In der nächsten Runde ging es zunächst um Thüringen,

im weiteren jedoch um die Vorherrschaft im gesamten mitteldeutschen Raum, den der deutsche König erneut unter seine Kontrolle bringen wollte. Albrecht der Entartete hatte wieder einmal seinen Besitz dem König versprochen, dann sich umstimmen lassen und nun die Eisenacher Bürger gegen sich aufgebracht. Um die folgenden Ereignisse hat die Lokalhistorie gleich zwei bekannte Sagen gewoben: die Eroberung der Wartburg durch Friedrich den Freidigen und den Taufritt nach Tenneberg.

Nach der ersten Sage soll Friedrich nach der Herrschaft seines Vaters getrachtet haben. Mit einer kleinen Schar ritt er in Richtung Wartburg. In der Dunkelheit hielt er sich in einer nahegelegenen Schlucht verborgen. Heute noch gibt es die >Landgrafenschlucht<, wo Friedrich mit seinen Getreuen übernachtet haben soll. Im Morgengrauen überstiegen sie die Südmauer der Burg. Die Schwiegermutter Elisabeth soll dafür gesorgt haben, daß sich keine Hand zur Verteidigung rührte. Landgraf Albrecht wurde überrumpelt und zum Verzicht auf die Wartburg und Thüringen gezwungen.

Die zweite Geschichte beginnt auf der Wartburg. Friedrich der Freidige wurde belagert, als ihm seine Gattin eine Tochter gebar. Der Säugling mußte getauft werden – damals erfolgte die Taufe nur zwei Tage nach der Geburt –, doch kein Priester war zur Hand. Der junge Vater riskierte einen Ausfall, um in Tenneberg den nächsten Pfarrer zu erreichen. Unterwegs bekam die Tochter Durst. Trotz der herannahenden Feinde ließ er halten: >Meine Tochter soll dieser Jagd willen nichts entbehren, und sollte es das Thüringer Land kosten!<, lautete der Spruch des Tages. Das letzte große Fresko im Landgrafenzimmer der Wartburg illustriert diesen Augenblick.

Der Taufritt nach Tenneberg, Fresko im Palas der Wartburg, Moritz von Schwind, 1854

Den historischen Hintergrund lieferten die Ereignisse zwischen 1306 und 1308. Die Eisenacher Bürger konnten sich mit Unterstützung verbündeter Städte und königlicher Hilfstruppen ein Übergewicht verschaffen und bedrängten die Wartburgherren. Friedrich traf sich mit seinem Vater auf der Burg, schloß mit ihm am 18. Januar 1307 einen folgenschweren Vertrag und konnte wieder entweichen.

Der entscheidende militärische Umschwung gelang ihm in der erwähnten Schlacht von Lucka, in der er gemeinsam mit seinem Bruder Diezmann ein königliches Heeresaufgebot unter dem Feldhauptmann Heinrich von Nortenberg aufreiben konnte. Dieser Sieg blieb nachhaltig in der Erinnerung des Landes, und ein Sprichwort reimte in Anspielung auf den schwäbischen Kern der Reichtstruppen: >Es wird dir glücken, wie den Schwaben bei Lücken.<

Friedrich der Freidige ließ sich auf der Wartburg, wie

Johann Rothe ein Jahrhundert später aufschrieb, ein Gemälde über seinen Sieg bei Lucka anfertigen – wahrscheinlich von dem Maler Fritz Zorn aus Saalfeld, der 1301 in Eisenach ein Haus bekommen hatte. Beim Brand um 1318 soll unter anderem das Bild vernichtet worden sein. Das Gefecht ereignete sich am 30. oder 31. Mai 1307 bei dem Städtchen Lucka, das zwischen Leipzig und Altenburg liegt.

Offensichtlich rückte daraufhin eine beachtliche Anzahl von lokalen Machthabern vom Reichsoberhaupt ab und ging auf die wettinische Seite über. Als König Albrecht I. von Juli bis Oktober 1307 mit Truppen durch wettinisches Gebiet marschierte, konnte er die Situation nicht mehr wenden, und seine Ermordung am 1. Mai 1308 verschaffte den Wettinern eine weitere Atempause.

Nach Abzug des Königs rückte Friedrich vor Eisenach und erwirkte die Huldigung der Stadt – wohl mehr eine einvernehmliche Einigung denn eine Kapitulation. Sein Vater erschien seit dem Vertrag vom Januar 1307 nicht mehr unter den politisch Handelnden. Der wahrheitsgemäße Kern der ersten Sage besteht also im Übergang Thüringens und der Wartburg von Albrecht auf Friedrich. Von einer Feindschaft zwischen beiden oder gar einer Eroberung der Wartburg zeigt sich keine Spur, schließlich hatte Friedrich der Freidige seine schwangere Gattin der Obhut des Vaters überlassen.

Die Tochter wurde 1306 geboren, als von einer Belagerung der Wartburg nichts zu spüren war. Außerdem ist es mehr als unwahrscheinlich, daß sich am Hofe des Landgrafen kein Priester aufhielt, haben wir doch Kenntnis von einer Kapelle auf der Burg und Wartburgkaplänen. Vielleicht trug zur Sagenbildung bei, daß die Landgrafentochter nicht von einem gewöhnlichen Priester getauft wurde, sondern standesgemäß vom Abt des Klosters Reinhardsbrunn.

Während der Belagerung hatte Friedrich Frau und Kind nach Tenneberg in Sicherheit gebracht, doch war die Tochter zu diesem Zeitpunkt schon mindestens ein Jahr alt. Nach dem Abdanken des Vaters und dem Tod des Bruders Diezmann war Friedrich der Freidige der einzige Anwärter auf alle wettinischen Besitzungen, eine Situation, die es fast ein halbes Jahrhundert nicht mehr gegeben hatte. Zwar lebte noch Friedrich Clem, der späte Sohn Heinrichs des Erlauchten, doch der beanspruchte nur geringen Besitz um Dresden und war kein Rivale.

5. 3. Friedrich der Freidige als Landgraf von Thüringen

Das Jahr 1307 bildete den Wendepunkt im Leben Friedrichs des Freidigen. Nach der Ermordung König Albrechts am 1. Mai 1308 verstrichen fast sieben Monate bis zur Wahl des neuen Königs Heinrich VII., in denen Friedrich der Freidige nicht nur seine Stellung in Thüringen festigte, sondern sich auch zum Herrn des Pleißenlandes machte. Das Osterland erkannte seine Herrschaft an, und in der Mark Meißen stellten sich Bischöfe, Adelsherren und Städte auf seine Seite. Nach wechselseitigem Kampf und unter Ausnutzung der inneren Zerrissenheit gelang es ihm bis 1310 sogar, eine Art Oberhoheit über das erzbischöflich-mainzische Erfurt einzurichten, ohne die Stadt allerdings in die Landgrafschaft Thüringen einzugliedern.

Der neue König war anfänglich Friedrich wenig gewogen und unterstützte durch eine Heeresabteilung die Erfurter im Kampf gegen den Landgrafen. Doch schließlich einigten sie sich, und der König erkannte am 19. Dezember 1310 zu Prag das Erbrecht Friedrichs auf Thüringen und Meißen an. Auf einem Reichstag zu Eger (Cheb) am 1. April des folgenden Jahres respektierte das Reichsoberhaupt auch die Herrschaft des Wettiners über das Pleißenland.

Friedrich der Freidige schien 1311 auf dem Höhepunkt seiner Macht angelangt, doch folgte 1312 nochmals ein Rückschlag. Diesmal ging es um die Mark Lausitz, die sein Bruder Diezmann 1303 an die Askanier der Mark Brandenburg veräußert hatte. Der nunmehrige brandenburgische Markgraf Woldemar fürchtete sicherlich zu Recht, daß der erstarkte Wettiner es früher oder später zurückfordern würde. Mit einem vorbeugenden Überfall auf Großenhain im Februar 1312 eröffnete Woldemar selbst die Kampfhandlungen. Fast ohne Begleitung ritt sein Gegner zur bedrohten Stadt, geriet in einen Hinterhalt und wurde an Woldemar ausgeliefert.

Im Frieden von Tangermünde (13. April 1312) mußte Friedrich der Freidige eine Reihe von Zugeständnissen machen und auf die Marken Lausitz und Landsberg verzichten, doch entsagte er damit lediglich Gebieten, die er momentan nicht besaß. Eine Reihe von Einbußen erlitt er im Osterland und in der Mark Meißen. Doch weit gefährlicher war, daß die verschiedenen Gegner ihn aus seinem Stammlande zu vertreiben drohten. Deshalb ging er auf vieles ein und gelangte dadurch Anfang Mai 1312 wieder in Freiheit.

In den nächsten drei Jahren baute er aus einer geschwächten Stellung heraus seinen Einfluß mit diplomatischen Mitteln von neuem auf. Bei seinem nächsten militärischen Gegenschlag im Jahre 1315 versuchte er nicht sofort, alle Positionen zurückzuerobern, sondern konzentrierte sich zunächst auf die Mark Landsberg, die er tatsächlich an sich brachte.

Außerdem knüpfte er Fäden zu einer Koalition der Gegner Woldemars, die sich im Norden um den dänischen König gebildet hatte. Diese schlug 1316 den Herrn der Mark Brandenburg, der nun seinerseits an einem Ausgleich mit Friedrich dem Freidigen interessiert war. Am 11. März schlossen beide in Magdeburg einen neuen Frieden, und nach einem weiteren Vertrag gab Friedrich zwar Landsberg wieder heraus, erhielt jedoch wichtige meißnische Besitzungen zurück.

Seine letzten Jahre verbrachte Friedrich vorwiegend in

Das um 1320 auf der Wartburg errichtete Fachwerkhaus Friedrichs des Freidigen, Zeichnung Johann Wolfgang von Goethes, 1777 (Ausschnitt)

Eisenach und auf der Wartburg. Vorher hatte er bei seinen Thüringenaufenthalten eher Gotha bevorzugt. Daß die Wartburg ausschließlich eine Sommerresidenz gewesen sei, wird für die Jahre 1318 bis 1320 eindrucksvoll widerlegt. Eine Reihe von Urkunden entstanden auf der Burg in der kalten Jahreszeit. Im Oktober/November beherbergte sie eine ganze Reihe von Herren mit ihrem Gefolge, darunter die Bischöfe von Meißen und Naumburg, den Burggrafen und den Domprobst von Meißen sowie thüringische Grafen.

Chroniken berichten davon, daß in diesen Jahren ein Brand die Wartburg in Mitleidenschaft zog. Die Gebäude am großen Turm wurden demnach 1318 schwer beschädigt, und im folgenden Jahre 1319 soll Landgraf Friedrich den Turm wiederhergestellt und ein großes Wohnhaus errichtet haben. Bei letzterem handelte es sich um den noch von Goethe gezeichneten Fachwerkbau nördlich des Palas, der lange Zeit das >Haus Friedrichs des Freidigen< genannt wurde.

5. 4. Die Familie und die letzten Jahre

Zwar schlug sich Friedrich mit dem Vater, den Brüdern und sonstigen Zeitgenossen herum, doch Frau und Kinder scheint er respektvoller behandelt zu haben. Obwohl er über sechzig Jahre alt wurde, kam er mit zwei Ehefrauen aus. Die erste, Agnes, heiratete er 1285 in Wien. Ihr Vater war der mächtige Graf Meinhard II. Dessen Vater hatte Tirol erhalten, dem Meinhard im Jahr nach Agnes' Heirat noch das Herzogtum Kärnten hinzufügte. Agnes starb 1293. Sie hatte noch im gleichen Jahr einem Sohn das Leben geschenkt, der den Namen des Vaters erhielt. Schon zu Lebzeiten nannte man ihn Friedrich >den Lahmen< oder >den Hinkenden<, was auf ein körperliches Gebrechen hindeutet.

Der Bruder seiner Mutter, Heinrich von Kärnten, bestieg den böhmischen Königsthron, und als der deutsche König Heinrich VII. ihn bedrängte, ging der jugendliche Neffe nach Böhmen und focht vehement für seinen Onkel. Immerhin sprang dabei heraus, daß König Heinrich VII. in den Jahren 1310 und 1311 den wettinischen Besitz anerkannte. Zum Vater besaß Friedrich der Lahme offensichtlich eine enge Beziehung; feindselige Anwandlungen sind unbekannt. Zusammen mit dem Vater befand er sich in der Gefangenschaft des brandenburgischen Markgrafen Woldemar. Wahrscheinlich erst einundzwanzigjährig kam er bei der Belagerung Zwenkaus am 13. Januar 1315 ums Leben.

Die zweite Frau Friedrichs des Freidigen war die genannte Elisabeth von Arnshaugk, die Tochter seiner Schwiegermutter aus erster Ehe. Sie überlebte ihn um Jahrzehnte und bewies später viel Geschick bei der Ausübung der Regentschaft für ihren Sohn Friedrich, der auf den gleichen Namen wie Vater und Halbbruder getauft war und zum Nachfolger avancierte.

Die 1306 geborene Tochter Elisabeth wurde wie ein Spielball landesherrlicher Heiratspolitik behandelt. Nach zweimaliger Verlobung führte erst die dritte Absprache zur Verehelichung. Im Februar 1318 weilte Landgraf Otto von Hessen in Eisenach, wo einem seiner beiden Söhne die Hand Elisabeths zugesichert wurde, um ein politisches Bündnis zwischen Hessen und Thüringen gegen die geistlichen Herren von Mainz und Fulda abzusichern, das mehrere Jahrzehnte halten sollte. Die Trauung mit Ottos Sohn, dem späteren hessischen Landgrafen Heinrich II., fand im Jahre 1321 statt.

Friedrich der Freidige nahm ein Ende, das zwar nicht den landläufigen Vorstellungen von einem Kriegshelden entspricht, jedoch irgendwie in seinem Lebenslauf begründet war. Am 4. Mai 1321 wohnte er in Eisenach der Aufführung eines Stücks bei, welches das biblische Gleichnis von den fünf klugen und fünf törichten Jungfrauen verarbeitete. Friedrich berührte der Ausgang des Stücks derart, daß er wenig später einen Schlaganfall erlitt. Was konnte einen hartgesottenen Mann innerlich derart treffen?

Nach herkömmlicher Auffassung konnte man Untaten und Verfehlungen mildern, indem man aufrichtig bereute und die Heiligen um Vergebung anrief. Das Stück vermittelte eine für damalige Glaubensverhältnisse neuartige Anschauung, daß die Vergebung allein bei Gott läge. Die törichten Jungfrauen waren in dem Schauspiel verloren, obwohl sie aufrichtig um Vergebung baten, und selbst die Gottesmutter Maria vermochte für sie nichts auszurichten.

Friedrich hatte bei all seinen Taten und Untaten bisher in der Gewißheit gelebt, seine Seele durch eigene Anstrengungen reinigen zu können. Ohne zahlreiche Greueltaten wurden Kriege damals nicht geführt, und viele Geschehnisse belasteten sein Gewissen. So wird die panische Angst verständlich, als er nun erfuhr, sich vor Gott nicht erlösen zu können.

Durch den Schlaganfall war er an Körper und wohl auch an Geist gebrochen. Seitdem vegetierte er dahin, bis der Tod ihn zu sich nahm, wahrscheinlich am 16. November 1323. Sein Grabstein und seine Gebeine befinden sich heute in der Georgenkirche zu Eisenach. Wie der Lebende lange unstetig umherzog, fanden auch die sterblichen Überreste so schnell keine Ruhe.

Zunächst in Eisenach für die Ewigkeit bestimmt, wurden Grabstein und Gebeine 1564 nach Gotha geschafft und in der Kirche der Feste Grimmenstein untergebracht. Der Stein überstand im Jahre 1567 die Zerstörung des Grimmensteins, wurde jedoch wenig pietätvoll gelagert,

Mark- und Landgraf Friedrich der Freidige (gest. 1323), Grabstein in der Georgenkirche zu Eisenach

bis man ihn 1613 nach Reinhardsbrunn überführte. Die Gebeine wurden 1702 unter dem Fußboden der Schloßkirche wiederentdeckt und 1805 dem Kunstkabinett des Gothaer Schlosses Friedenstein beigefügt. Den Grabstein übergab man zusammen mit den ludowingischen Epitaphen 1952 der Georgenkirche zu Eisenach.

6. Friedrich der Ernsthafte (1322–1349)

Friedrich II. von Thüringen aus dem Hause Wettin trägt in der historischen Literatur den Beinamen >der Ernsthafte< oder >der Ernste< – beides heißt lateinisch >Gravis<. Indes kam diese eher ehrende Bezeichnung erst im 16. Jahrhundert auf. Zu Lebzeiten und bis ins 16. Jahrhundert hinein wurde er wegen seiner körperlichen Beschaffenheit weniger schmeichelhaft >der Magere< genannt.

Friedrichs Bedeutung für Thüringen wird wohl kaum zu überschätzen sein. Obwohl er auch über die Mark Meißen sowie Oster- und Pleißenland gebot, behandelte er über seine gesamte Regierungszeit Thüringen als Hauptland. Er war nicht mehr, wie die Generationen seines Vaters und Großvaters, ständig durch Streitigkeiten zwischen den Familienmitgliedern gebunden. Dafür konnte er seine ganze Konzentration und Macht gegen die verbliebenen Konkurrenten im thüringischen Adel einsetzen und sie gehörig zurückdrängen.

Als der Vater starb, war Friedrich der Ernsthafte erst 13 Jahre alt. Eine Schwächung der wettinischen Herrschaft war indes nicht zu befürchten, da seine Mutter die Geschicke des Landes in die Hände nahm. Zwei tatkräftige

Männer standen ihr als Vormünder zur Seite. Graf Heinrich von Schwarzburg war für Thüringen zuständig, und Vogt Heinrich II. Reuß von Plauen hatte für die Mark Meißen, das Oster- und das Pleißenland zu sorgen.

Die Heirat mit der Königstochter Mechthild verschaffte Friedrich starken Rückhalt. Seit 1314 herrschte im deutschen Reich der König Ludwig der Bayer aus dem Hause Wittelsbach. Friedrich konnte ihn sich über die gesamte Regierungszeit als Verbündeten bewahren. Mit der Erlangung seiner Mündigkeit sicherte der junge Landgraf 1329 das Pleißenland um Altenburg auf Dauer den Wettinern.

6. 1. Die Grafenfehde 1342–1346

Nach einigen Händeln um Erfurt konnte Friedrich 1338 einen Landfrieden in Thüringen erwirken. Durch Kauf und Verträge baute er seine Positionen immer mehr aus. So zwang er seine Gegner zu einem Verzweiflungsschritt, der sie zu Brechern des Landfriedens abstempelte. Im Jahre 1342 brachen sie die Grafenfehde vom Zaun, die bis 1346 währte. Gegen Friedrich standen die Grafen von Weimar-Orlamünde, die Mehrheit der Schwarzburger Grafen, die Herren des Vogtlandes sowie weitere thüringische Regenten.

Im Ergebnis der Auseinandersetzungen konnte Friedrich der Ernsthafte seine Besitzungen ausweiten, gegnerische Burgen schleifen und den thüringischen Adel stärker von sich abhängig machen. Für die Landesgeschichte erwies sich besonders folgenträchtig, daß er die askanischen Grafen von Weimar-Orlamünde in Lehnsabhängigkeit zwingen konnte. Bisher besaßen diese die Reichsunmittelbarkeit, d.h., sie unterstanden direkt dem deutschen

Der Eisenacher Hans von Friemar rettet den Landgrafen Friedrich den Ernsthaften 1346 vor Schloß Scharfenstein, Fresko im Palas der Wartburg, Moritz von Schwind, 1854

König. 1346 mußten sie einwilligen, ihren Besitz aus der Hand Friedrichs als Lehen zu nehmen. Damit taten die Wettiner den ersten Schritt, um Weimar in die Hand zu bekommen. Als dies 1373 endgültig erreicht war, konnte sich die Stadt schnell zur thüringischen Hauptresidenz der Wettiner entwickeln.

Friedrich der Ernsthafte geriet in den Kämpfen mitunter selbst in größte Gefahr, wie beim Sturm auf die hennebergische Burg Scharfenstein über Thal (südöstlich von Eisenach) im Juni 1445: Als er schon fast in Gefangenschaft geraten war, bewahrten ihn nur die kräftigen Schläge des Eisenacher Bürgers Hans von Friemar vor diesem schmachvollen Gang. Moritz von Schwind hat diese Episode im Landgrafenzimmer der Wartburg auf einem Fresko festgehalten.

Am Ausgang der Grafenfehde stand die Abrechnung der Städte Erfurt, Mühlhausen und Nordhausen mit dem Grafen Hermann von Stolberg, der den Landfrieden verletzt hatte. Auf seiner Eichsburg im Harz wurde er 1346 ausgeräuchert. Kurzerhand wurden 29 Mann seiner wegelagernden Gefolgschaft an den umstehenden Bäumen aufgehängt, und der Graf selbst wurde enthauptet.

6. 2. Thüringen im Zeichen der Königspolitik

Landgraf Friedrich geriet nach Abschluß der thüringischen Grafenfehde ins Getriebe der Reichspolitik. Inzwischen war 1346 ein deutscher Gegenkönig gewählt worden, ohne daß König Ludwig der Bayer, Friedrichs Schwiegervater, formal abgesetzt wurde. Da erlag König Ludwig im Oktober 1347 auf der Bärenjagd einem Schlaganfall.

Der bereits als Gegenkönig nominierte Luxemburger Karl IV. sollte zu einer herausragenden Persönlichkeit der deutschen Geschichte werden. Zur Hälfte war er slawischer Herkunft, denn seine Mutter Elisabeth war die Erbin des einst mächtigen böhmischen Königshauses der Przemysliden. Seine Erziehung hatte er am Hofe des französischen Königs erhalten. Er handelte nach dem Grundsatz: >Alles andere ist eher zu versuchen als das Eisen.< Dabei waren seine Methoden keineswegs immer von der feinen Art. Um die wittelsbachischen Konkurrenten um den deutschen Königsthron, die Familie Ludwigs des Bayern, zu schwächen, half er in der Mark Brandenburg einem Schwindler zur Anerkennung, der sich für den 1319 umgekommenen letzten askanischen Markgrafen Woldemar ausgab.

Die Wittelsbacher wagten nun nicht, einen Angehörigen ihrer Familie zur Königswahl aufzustellen und wollten den thüringischen Landgrafen Friedrich den Ernsthaften zu ihrem Favoriten gewinnen. Der war klug genug abzulehnen. Karl IV. erleichterte dem Landgrafen mit 10.000 Mark Silber die Ablehnung.

Noch gaben die Wittelsbacher nicht auf, sondern gewannen schließlich den Schwarzburger Günther XXI., der im Januar 1349 zu Frankfurt tatsächlich zum deutschen König erhoben wurde. Dessen Vater war übrigens jener Heinrich von Schwarzburg, der einst die Vormundschaft für den jungen Friedrich den Ernsthaften in Thüringen ausgeübt hatte.

Karl IV. manövrierte jedoch seinen Gegenspieler diplomatisch wie militärisch aus, so daß jener im Mai 1349 zugunsten des Luxemburgers verzichtete. Karl übte keine Vergeltung, sondern fand ihn mit 20.000 Silbermark und einer Reihe von Reichsstädten ab. Günther lag bereits schwerkrank darnieder, von einer Vergiftung ist die Rede, und starb am 14. Juni 1349 in Frankfurt. Seine Leiche wurde nicht nach Thüringen überführt, sondern in der Frankfurter Bartholomäuskirche (dem Dom) beigesetzt, wo sich seine Grabplatte befindet.

Obwohl das Königtum Günthers XXI. eher einen Witz der Geschichte darstellt, konnten die Schwarzburger sich nun zu den königlichen Geschlechtern zählen. Im Kaisersaal zu Schwarzburg bei Rudolstadt steht der Stolz der Familie in einer Abfolge von Bildnissen, die bis auf den römischen Imperator Julius Caesar zurückgeht.

Das Jahr 1349 ist auch als Schreckensjahr in die deutsche Geschichte eingegangen. Eine Pestepidemie von bisher unbekanntem Ausmaß brach über das Land herein. Allein in Erfurt starben von Juli 1350 bis Februar 1351 zwischen 12.000 und 16.000 Menschen. In Erfurt wütete aber auch eine Geißel von Menschenhand; religiös verhetzte Bürger erschlugen die jüdischen Einwohner der Stadt. Den nichtchristlichen Juden gab man die Schuld am Massensterben. Bereits 1348 hatte König Karl IV. die Ermordung der Erfurter Juden sanktioniert und finanziellen Nutzen daraus erzielt, wie er auch andernorts Judenpogrome aus Gewinnsucht begünstigte.

Eine andere Reaktion auf Not und Elend äußerte sich in der Ausbreitung der Bewegung der Geißler oder Flagellanten (von lat. >flagella< – Peitsche; vgl. Dresch->Flegel<). Sie zogen in Scharen durch das Land und schlugen sich mit Peitschen die entblößten Oberkörper, um für ihre Sünden zu büßen.

Gerade unter Friedrich dem Ernsthaften erlebte Erfurt einen Höhepunkt an Einfluß. Nach kurzer Gegnerschaft und einer Belagerung Erfurts durch den Landgrafen 1336 einigte man sich. Die Stadt trug den thüringischen Landfrieden von 1338 mit und stand in der Grafenfehde auf der Seite Friedrichs.

Während der gesamten Regierungsdauer hielt sich Friedrich der Ernsthafte regelmäßig in Thüringen auf, besuchte aber auch häufiger die anderen Landesteile. Insbesondere in den Hauptorten im Zentrum seines Herrschaftsgebietes, in Altenburg und Weißenfels, war er oftmals zu finden. In Thüringen bevorzugte er Gotha und Eisenach mit der Wartburg. Zum Ende seiner Herrschaft zog es ihn offensichtlich weniger nach Gotha, wo seine Mutter Elisabeth den Rest ihres Lebens verbrachte. Dafür weilte er umso öfter in Eisenach/Wartburg. Besonders in den letzten Jahren bevorzugte er die Burg, wo er auch verstarb.

Doch auch in der Reichspolitik engagierte sich Friedrich der Ernsthafte wieder stärker als seine Vorgänger. Erstmals griff ein wettinischer Landgraf von Thüringen über das eigene Territorium hinaus. Vorübergehend erhielt er 1328 die Vormundschaft in der Mark Brandenburg, die in die Hände der luxemburgischen Königsfamilie gelangt war.

Bereits 1330, im Jahr nach Erlangung seiner Mündigkeit, reiste er nach Bayern, ins Stammland des Schwiegervaters. König Ludwig stattete 1333 und 1335 Gegenbesuche in Thüringen ab. Nach dem Abschluß des bedeutsamen Kurvereins von Rhens, einem Höhepunkt nationalen Strebens in Deutschland, beteiligte sich Landgraf Friedrich 1338 an Reichstagen in Frankfurt/M. und Koblenz. Er zog sogar anschließend im Heer des englischen Königs durch Nordfrankreich. Der Hundertjährige Krieg zwischen England und Frankreich hatte gerade begonnen. Auch in das Tauziehen um die deutsche Königskrone nach dem Tode Ludwigs des Bayern war Friedrich der Ernsthafte verwickelt, und das nicht zu seinem Nachteil.

6. 3. Die Familie Friedrichs des Ernsthaften

Familienbeziehungen lieferten im europäischen Mittelalter bekanntlich nicht so sehr den Stoff für belanglose Klatschgeschichten, sondern berührten die Geschicke ganzer Länder und Völker.

Seine Mutter Elisabeth nahm während der Unmündigkeit des jungen Landgrafen tatkräftig Anteil an den Belangen des Landes. Seit etwa 1324, sicherlich auch im Zusammenhang mit der sich anbahnenden Heirat des Sohnes, lebte sie auf ihrem Witwensitz in Gotha. Ein Streit mit ihrem Sohn wurde 1333 durch den Kaiser Ludwig geschlichtet, der eigens deshalb nach Thüringen reiste. Man einigte sich, indem Friedrich Weißenfels und Elisabeth Gotha zugeteilt bekam. Danach hielt das Einvernehmen zwischen Sohn und Mutter. Sie griff weiterhin in die Landespolitik ein, doch nicht zum Schaden des Sohnes. So vermittelte sie 1336 zwischen Friedrich und der Stadt Erfurt.

Um zehn Jahre überlebte sie ihren Sohn und starb erst am 20. August 1359. Sie residierte auf dem Grimmenstein, dem Vorgänger des heutigen Schlosses Friedenstein in Gotha. Indem sie die Entwicklung der Stadt förderte, bereitete sie nicht unwesentlich die Verlagerung des thüringischen Herrschaftszentrums von Eisenach/Wartburg nach Gotha vor. Ihr Grabstein steht heute neben dem des Gatten in der Eisenacher Georgenkirche.

Friedrichs Schwester Elisabeth hatte 1321 den hessischen Landgrafen Heinrich II. (den Eisernen) geheiratet und im folgenden Jahr den einzigen Sohn zur Welt gebracht, der als >Otto der Schütz< bekannt werden sollte. Man schloß 1328 sogar Erbverbrüderung, d. h. beim Aus-

Elisabeth – die Gattin Friedrichs des Freidigen (gest. 1359), Grabstein in der Georgenkirche zu Eisenach

sterben eines der beiden Landgrafenhäuser sollte sein Land an das jeweils andere fallen. Besonders das wettinische Lager mußte an einer gesicherten Erbfolge interessiert sein, beruhte doch die Fortdauer des Hauses derzeit allein auf Friedrich dem Ernsthaften, bis diesem 1332 der erste Sohn geboren wurde.

Aus dem gleichen Grunde hatte man sich ungefähr zwei Jahre vorher (etwa 1326) mit den Wittelsbachern arrangiert, zumal die Heirat Friedrichs mit Mechthild bevorstand, der Tochter König Ludwigs des Bayern. Im Namen des minderjährigen thüringischen Landgrafen wurde eine Erbverbrüderung mit Ludwigs ältestem Sohn Ludwig von Brandenburg verabredet, gemäß der gegebenenfalls die Marken Brandenburg und Meißen zusammenfallen sollten. Deshalb verweigerte der inzwischen zum Kaiser gekrönte Ludwig 1329 dem Bündnis zwischen seinem Schwiegersohn und Heinrich II. von Hessen seine Zustimmung.

Doch Friedrich der Ernsthafte war zunächst keineswegs gewillt, eine von beiden Optionen aufzugeben und der vom Kaiser gewünschten Ausdehnung der Erbverbrüderung mit Brandenburg zuzustimmen. Er entließ den kaiserfreundlichen Vormund Heinrich II. Reuß und versicherte seinem hessischen Schwager lebenslange Hilfe. Noch 1333 unternahmen beide einen gemeinsamen Feldzug gegen Treffurt, indes trübte sich im folgenden Jahr das Einvernehmen, als der Thüringer sich mit den hiesigen Herren und Städten bekriegte und der Hesse ihn im Stich ließ. In dieser Situation näherte sich Friedrich der Ernsthafte seinem kaiserlichen Schwiegervater, und die Besuche Ludwigs des Bayern in Eisenach/Wartburg von 1333 und 1335 werden vor diesem Hintergrund verständlich.

Der hessische Landgraf überwarf sich zur selben Zeit mit seiner Gattin, Friedrichs Schwester, zumal er gerade für eines seiner Hoffräulein entbrannt war und seinerseits das Gerücht verbreiten ließ, Elisabeth habe sich mit einem Kämmerer außerehelich vergangen. In ihrer unerträglichen Lage soll sie ihren Bruder um Hilfe gebeten haben, der sie durch seine Amtleute 1334 aus Kassel entführen und zur Mutter nach Gotha bringen ließ.

Nunmehr war es am Kaiser, vermittelnd einzugreifen; er befahl die Aussöhnung zwischen den beiden Eheleuten und die ehrenvolle Rückkehr Elisabeths nach Kassel. Ob sie allerdings noch einmal zurückkehrte, ist unklar, denn in den folgenden beiden Jahrzehnten bis zum Tode ihrer Mutter befand sie sich im thüringischen Gotha. Als diese 1359 starb ging sie nach Eisenach und nahm ihre Wohnung im dortigen Stadtschloß.

Die Heirat Friedrichs des Ernsthaften mit Mechthild oder Mathilde, der Tochter des deutschen Königs, wurde schon einige Male erwähnt. Dabei war er eigentlich einer anderen bestimmt. Ursprünglich sollte er Judith ehelichen, die Tochter des Königs Johann von Böhmen. Als sich jedoch die Chance einer Verbindung mit dem aktuellen deutschen Königshaus auftat, wurde die böhmische Verlobte kurzerhand nach Hause geschickt.

Mechthild blieb die einzige Gattin Friedrichs des Ernsthaften. Auf die Söhne Friedrich (1332 geboren), Balthasar (1336), Ludwig (1341) und Wilhelm (1343) wird in den nächsten Kapiteln ausführlich einzugehen sein. Beim Tode des Vaters (1349) waren sie noch zu jung, um selbst in die Politik einzugreifen. Lediglich für den ältesten, das zukünftige Familienoberhaupt Friedrich den Strengen, gibt es aus dieser Zeit etwas zu vermelden.

Er wurde 1347 mit Katharina verheiratet, der Tochter des hennebergischen Grafen Heinrich. Der Henneberger beteiligte sich nicht an der Grafenfehde seiner thüringischen Standesgenossen. Zu Zwietracht, wie sie später fabulierend beschrieben wurde, kam es zwischen den Hennebergern und den Wettinern in diesem Zusammhang nicht. Immerhin brachte die Heirat Friedrich dem Strengen in der Folge Coburg und andere Städte ein. Deshalb legte ihm spätere Geschichtsschreibung den Ausspruch in den Mund: >Meine Käthe ist eine gute Henne, denn sie hat mir ein goldenes Ei gelegt.< Die Anspielung auf die Henne bezieht sich auf das Wappentier der Henneberger, das heute noch z.B. in den Stadtwappen von Suhl und Ilmenau zu sehen ist.

Nach all den Jahren, in denen er die wettinische Macht in Thüringen gefestigt hatte, verstarb Friedrich der Ernsthafte am 18. November 1349 – erst 39jährig – auf der Wartburg. Die Todesursache ist unklar. Daß er ein Opfer der Pest wurde, scheint unwahrscheinlich, da sonst niemand aus der Familie zur gleichen Zeit sein Leben aushauchte. Vielleicht erlag er einer früher erlittenen Verletzung, denn immerhin wird von zwei Verwundungen berichtet: die erste rührte aus einem Turnier her, bei dem er im Unterleib getroffen wurde; das zweite Mal soll er während der Grafenfehde vor Erfurt unter die Schwerter der Feinde geraten sein. Bestattet wurde Friedrich der Ernsthafte nicht in thüringischer Erde, sondern in Altzella bei Nossen, der schon erwähnten Begräbnisstätte der Wettiner.

Friedrich der Freidige, Friedrich der Ernsthafte, Fürstenzug zu Dresden, Wilhelm Adolf Walther, Porzellankacheln, 1872–1876

7. Friedrich der Strenge (1349–1381)

In der Reihenfolge der meißnisch-wettinischen Friedriche käme dem Sohn Friedrichs des Ernsthaften eigentlich die Numerierung Friedrich III. zu, doch wurde er unter dem Beinamen Friedrich >der Strenge< oder >der Gestrenge< bekannt. Beides ließe sich aus dem lateinischen >Strenuus< übersetzen. Auch er wurde so nicht schon zu Lebzeiten, sondern in Überlieferungen erst ab dem 16. Jahrhundert gekennzeichnet. In anderen, ebenfalls nach Friedrichs Tode entstandenen Chroniken wird er völlig gegensätzlich zum einen >der Gutliche<, zum anderen >der Freudholde< genannt.

In den 30 Jahren der Regierungszeit Friedrichs des Strengen konnte das wettinische Herrschaftsgebiet weiter gefestigt werden. Anfangs einigte man sich auf eine Gesamtverwaltung unter Leitung Friedrichs, obwohl noch drei weitere Brüder lebten: Balthasar, Ludwig und Wilhelm I. Sie spezialisierten sich zwar zunehmend auf bestimmte Landesteile, doch zu einer regelrechten Gebiets- und Verwaltungsteilung kam es erst 1379. Ernsthafte Zerwürfnisse unter den Wettinern gab es in dieser Zeit nicht, sehr im Unterschied zu den Jahrzehnten um 1300. In Thüringen konnten sie das wettinische Territorium besonders nach Süden und Südosten erweitern.

7. 1. Die Gebietserwerbungen unter Friedrich dem Strengen

Am Beginn stand die Erwerbung Coburgs, die durch Friedrichs Heirat angebahnt war. Als 1353 die Schwiegermutter starb, sicherte sich Friedrich der Strenge

Friedrich der Strenge, Fürstenzug zu Dresden, Wilhelm Adolf Walther, Porzellankacheln, 1872–1876

den wichtigen südlichen Stützpunkt. Bevor andere ihre Ansprüche anmelden konnten, war er unverzüglich zum deutschen König nach Prag geritten und hatte die Sachlage geklärt. Über die nächsten Jahrhunderte blieb Coburg bei Thüringen. Als Bruder Balthasar 1374 Hildburghausen und vier weitere Distrikte erheiratete, konnten sich die Wettiner in Südthüringen zusätzlich ausdehnen.

Nach der Inbesitznahme Coburgs konnte Friedrich der Strenge im vogtländischen Krieg von 1354 bis 1359 sein Territorium vergrößern. Die Vögte, in verschiedene Linien gespalten, beherrschten Landflecken um Gera, Weida, Greiz und Plauen. Sie waren bestrebt, ihre Selbständigkeit zu bewahren und eine eigene Landesherrschaft aufzubauen, gerieten jedoch mit ihren mächtigen Nachbarn wie zwischen Mahlsteinen aneinander. Das Vogtland schob sich wie ein Keil zwischen Thüringen und Meißen, die Hauptländer der Wettiner. Von Süden suchte König Karl IV. den böhmischen Einfluß auszuweiten.

Karl IV. und Friedrich der Strenge stellten ihre gegensätzlichen Interessen zurück und verbündeten sich gegen die Vögte, denen letztlich keine Chance blieb. Der einstige Herr zu Plauen, Vogt Heinrich III. Reuß, landete schließlich mit einer Leibrente in Dresden. Die Wettiner sicherten sich die Oberhoheit über Gera und Weida, Karl IV. über das Gebiet um Plauen, das im 16. Jahrhundert zu Sachsen gelangte. Durch diese Vorgänge wurden wesentliche Voraussetzungen für die Spaltung des Vogtlandes in einen thüringischen und einen sächsischen Teil geschaffen, wie sie bis in die neueste Zeit an der Bezirks- bzw. Ländergrenze sichtbar ist.

Nach etwa 1358 gab es 15 Jahre lang in Thüringen keine größeren Auseinandersetzungen. Die Wettiner konnten Dornburg und Sangerhausen an sich bringen. Die wichtigste Erwerbung war das Orlamünder Erbe mit der Stadt Weimar, das 1373 an die Wettiner fiel.

Seit 1373 erschütterte der Streit um den Mainzer Bischofsstuhl das Land, in den Thüringen auch verwickelt war. Ludwig, der Bruder des Landgrafen, war einer der beiden Anwärter. Als sein Gegenspieler Adolf von Nassau 1374 in Thüringen einfiel, ging die Stadt Erfurt auf seine Seite über und kämpfte gegen die Wettiner.

Im Gegensatz zu Friedrich dem Ernsthaften war unter Friedrich dem Strengen das Verhältnis zwischen der wirtschaftlich stärksten thüringischen Stadt und dem Landgrafen stets gespannt. 1374 belagerten Friedrich und Balthasar acht Wochen lang Erfurt. Sie plünderten die Weinberge und unterbrachen die Wasserleitung, umliegende Dörfer wurden gebrandschatzt. Als Karl IV. zu den Belagerern stieß, schien Erfurts Lage hoffnungslos. Doch nach einigen Ausfällen vermittelte der Kaiser einen Waffenstillstand. Die Feindseligkeiten zogen sich noch Jahre hin und konnten erst nach dem Tode Karls IV. und Friedrichs des Strengen 1384 durch einen Landfrieden beigelegt werden.

7. 2. Unter der Dominanz des böhmisch-deutschen Königs Karl IV.

Die Verwicklungen der Wettiner in den Mainzer Erzbistumsstreit hingen eng mit der Politik des deutschen Königs und Kaisers Karl IV. zusammen. Dieser verfolgte zweierlei Ziele, u. zw. strebte er erstens danach, sein eigenes Territorium auszudehnen, und zweitens wollte er die Königsfolge für seine Familie sichern. Man muß sich vor Augen führen, daß Karl IV. für die Luxemburger Gebiete besaß oder erwarb, die wie ein Greifer von drei Seiten den mitteldeutschen Raum einschließlich der wettinischen Landesteile umklammerten.

Die Luxemburger verfügten im Süden über Böhmen (1310 erworben), im Osten über die Oberlausitz (1320 und 1329) und die Niederlausitz (1368) sowie im Norden über die Mark Brandenburg (1373). Die Elbe, die Mitteldeutschland durchschneidet, sollte nach Karls Vorstellung zu einer Transportader werden. Deshalb versuchte er, entlang des Flusses Besitzungen zu erwerben. Zu einem zweiten Zentrum neben Prag baute er Tangermünde aus. Diese Stadt wurde nicht nur das Zentrum der Mark Brandenburg, sondern war auch Stützpunkt an der wichtigen Wasserstraße.

Aus der gesamten Konstellation heraus mußte eigentlich ein Zusammenstoß zwischen Karl IV. und den Wettinern nur eine Frage der Zeit sein. Doch sowohl das diplomatische Geschick des Kaisers als auch andere Zusammenhänge verhinderten einen tatsächlichen Konflikt. Zuerst einte sie der Kampf gegen die Herren des Vogtlandes. Als die Wettiner sich jedoch 1371 einer böhmenfeindlichen Koalition annäherten, köderte sie Karl IV. im November 1372 zu Pirna mit Erbverbrüderung und Heiratsversprechen. Er brauchte sie als Verbündete für das zweite wichtige Ziel seiner Politik – die Sicherung der Thronfolge für den Sohn Wenzel. Beim Streit um das Mainzer Erzbistum ging es nämlich um mehr als nur um den Stuhl des Erzbischofs.

Im Jahre 1356 erließ der Reichstag auf Veranlassung Karls IV. das wohl wichtigste Reichsgesetz des deutschen Mittelalters, die Goldene Bulle. Sie regelte die Prozedur

Denkmal Kaiser Karls IV. in Tangermünde, Ludwig Cauer, Bronze, 1900

für die Wahl des deutschen Königs. Stimmberechtigt waren sieben deutsche Fürsten, die Kurfürsten (küren = wählen): die drei rheinischen Erzbischöfe von Mainz, Köln und Trier, der König von Böhmen, der Kurfürst zu Rhein, der Herzog zu Sachsen und der Markgraf von Brandenburg.

Um die Wahl in seinem Sinne ablaufen zu lassen, mußte Karl IV. über vier Stimmen verfügen. König von Böhmen war er selbst, und die Mark Brandenburg erwarb er 1373. Die Kurfürsten von Sachsen-Wittenberg waren

Karl verpflichtet, da sie sich erst mit seiner Hilfe gegen andere Linien des sächsisch-anhaltinischen Hauses als Kurfürsten durchsetzen konnten. Blieb der Mainzer Erzbischof als Zünglein an der Waage, denn die drei restlichen Kurfürsten waren eher feindlich eingestellt. Deshalb setzte sich Karl IV. so für den verbündeten Wettiner Ludwig ein. Nachdem Karl IV. seinem Sohn 1376 eine einstimmige Wahl zum deutschen König verschafft hatte, ließ sein Interesse stark nach, und der Wettiner Ludwig mußte dem Mainzer Erzbischofsstuhl schließlich entsagen.

Die Reichspolitik der Wettiner erfolgte mehr im Sog des verbündeten Kaisers denn in Eigenständigkeit. Sie nahmen an verschiedenen Reichstagen teil. Besonders Wilhelm I. engagierte sich in dieser Hinsicht, doch auch Friedrich der Strenge war nicht untätig. Wilhelm war für diplomatische Verhandlungen auch intellektuell vorbereitet, da er am Hofe des Kaisers seine Erziehung genossen hatte. Beide waren 1356 auf den wichtigen Reichstagen in Metz zugegen, als ergänzende Artikel zur Goldenen Bulle verabschiedet wurden. Wilhelm besuchte im Jahre 1368 Karl IV.

Dagegen dürfte dem Kaiser weniger gefallen haben, daß die Wettiner im Hundertjährigen Krieg zwischen Frankreich und England auf der Gegenseite teilnahmen. Während Karl IV. zu den Franzosen hielt, beteiligten sie sich 1376 an den Feldzügen des englischen Königs in Nordfrankreich. Bereits 1356 und 1359/60 hatte Balthasar im gleichen Dienst gestanden.

In der Regierungszeit Friedrichs des Strengen unternahmen die Wettiner Anstrengungen, weitere größere Herrschaftsgebiete an sich zu bringen. Trotz verheißungsvoller Ansätze erzielten sie jedoch keine dauerhaften Erfolge.

Erinnerungsstätte für den 1369 errichteten Leinakanal, Gotha

Die seit Diezmann verlorene Niederlausitz erhielten sie zwar 1354 pfandweise zu Lehen, mußten sie aber zehn Jahre später zurückgeben. Zeitweilig stellten sie die Landvögte der Wetterau, d. i. das Gebiet nördlich von Frankfurt/M. Auch in anderen Teilen Hessens griffen sie ein und schlossen 1373 mit den hessischen Landgrafen eine Erbverbrüderung.

Innerhalb der Landgrafschaft Thüringen verschob sich das Zentrum eindeutig von Eisenach nach Gotha, wo sich die Landgrafen erstmals am häufigsten aufhielten, und das mit deutlichem Abstand. Vom Ausbau Gothas zeugt der Bau des Leinakanals im Jahre 1369, durch den Trinkwasser aus dem Thüringer Wald herangeleitet wurde.

An zweiter Stelle rangierte nunmehr Eisenach mit der Wartburg, doch klar hinter Gotha. Offenbar wurde jetzt die Wartburg deutlich weniger als die Stadt aufgesucht. Immerhin ein Jahrhundert hatte es gedauert, bis sich die Randlage Eisenachs so auswirkte, daß die Vorrangstellung in Thüringen verlorenging.

7. 3. Die Verzweigung des Familienstammbaumes und erneute Landesteilung

Der wettinische Familienstammbaum verzweigte sich erneut kräftig, nachdem er nach dem Tode Friedrichs des Freidigen reichlich dünn geworden war. Friedrich der Strenge besaß drei handlungsfähige Brüder, vier Schwestern und drei Söhne. Die Mutter war bereits vor seiner Regierungszeit verstorben, doch die Großmutter Elisabeth konnte dem Enkel anfangs noch beistehen. Sie starb erst 1359 und wurde in der Eisenacher Predigerkirche bestattet.

Seine Gattin Katharina hatte er schon 1347 geheiratet, doch brachte sie nach zwei früh verstorbenen Kindern erst 1370 mit Friedrich einen Sohn zur Welt, der das Erwachsenenalter erreichte. Es folgten noch Wilhelm (1371) und Georg (1380). Nach dem Tode des Gatten führte Katharina die Vormundschaft für die minderjährigen Söhne und starb erst 1397. Über den erstgeborenen Friedrich den Streitbaren wird noch viel zu sagen sein. Zu Lebzeiten des Vaters wurde er im Alter von drei Jahren der siebenjährigen Tochter des Kaisers Karl IV. versprochen. Die Verlobung, 1373 feierlich in Prag begangen, sollte die Verbindung der Wettiner zum Kaiserhaus besiegeln, führte jedoch nach dem Tode Karls IV. nicht zur Hochzeit.

Eine Schwester Friedrichs des Strengen, Elisabeth, heiratete den Burggrafen Friedrich V. von Nürnberg aus dem Geschlecht der Hohenzollern. Offensichtlich richtete sich die Heiratspolitik darauf, nach Süden an Einfluß zu gewinnen. Balthasar ehelichte eine Frau des gleichen hennebergischen Hauses wie sein Bruder Friedrich, und Coburg wurde ja auch durch Heirat erworben. Die Einsetzung des Bruders Ludwig als Bischof von Bamberg zielte in die gleiche Richtung. Bei der Vermählung Elisabeths war natürlich noch nicht abzusehen, daß sie die Stammmutter der Hohenzollern werden würde. Ihr Sohn erwarb als Friedrich I. 1415 die Mark Brandenburg. Als Markgrafen von Brandenburg nahm das Geschlecht seinen Aufstieg zu Königen von Preußen und schließlich zu deutschen Kaisern.

Friedrichs Tante Elisabeth, die Schwester des Vaters, schloß 1367 in Eisenach die Augen. Ihre Ehe mit Heinrich II. von Hessen wurde bereits erwähnt. Beider Sohn Otto der Schütz starb zwar 1366 ohne Leibeserben, doch setzte sich ihr Neffe Hermann II., der Sohn des Bruders von Heinrich II., schließlich in Hessen durch. Dabei bediente er sich der Hilfe seiner thüringischen Verwandtschaft, und dadurch kam es zur Erbverbrüderung von 1373 und zum Eingreifen Balthasars.

Beim Tode Friedrichs des Ernsthaften 1349 war selbst der älteste Sohn Friedrich erst 17 Jahre alt, während Balthasar (13jährig), Ludwig (8) und Wilhelm (6) sich noch im Kindesalter befanden. Die Alleinregierung Friedrichs

Denkmal für Friedrich I. (gest. 1440), den ersten brandenburgischen Hohenzoller, Tangermünde, Ludwig Manzel, Bronze, 1912

war somit vorerst gegeben.

Aus dem Kreise der Anwärter auf die einzelnen Landesteile schied bald Ludwig aus, der die geistliche Laufbahn einschlug. Schon mit 16 Jahren war er Bischof von Halberstadt, 1366 dann Bischof von Bamberg. Von hier aus sollte er 1373 den Stuhl des Erzbischofs von Mainz besteigen, was ihm trotz Unterstützung des Kaisers über Jahre hinweg nicht vollständig gelang. Zwar sprach sich der Papst, der die Bestechungsgelder beider Parteien eingesteckt hatte, für ihn aus, doch besaß der Gegenspieler größeren Rückhalt vor Ort. Schließlich bekam Ludwig 1381 eine andere Erzbischofswürde, nämlich die von Magdeburg, wofür er sich 20 Jahre vorher vergeblich beworben hatte. Er starb 1382 wenig ehrenhaft in Calbe, wo er sich während der Fastnacht zu Tode stürzte.

Die gemeinschaftliche Regierung unter Führung Friedrichs des Strengen blieb formal 30 Jahre lang bestehen und wurde immer wieder verlängert. Jedoch bevorzugte im Laufe der Zeit jeder der drei Brüder einen bestimmten Landesteil: Friedrich der Strenge die Mark Meißen mit dem Hauptaufenthaltsort Dresden, Wilhelm I. das Pleißenland mit dem Zentrum Leipzig und Balthasar die Landgrafschaft Thüringen mit dem Zentrum Gotha.

Im Jahre 1379 einigte man sich in Neustadt a. d. Orla und teilte jedem die Orte zu, die er erhalten sollte. Diese Teilung ging als die >Neustädter Örterung< in die Geschichte ein. Die formale Oberhoheit einer gemeinsamen Regentschaft wurde noch nicht beseitigt. Auch die Einkünfte aus dem reichen Erzbergbau blieben gleichmäßig untereinander aufgeteilt. Doch wurde die Verwaltung getrennt, und jeder der drei Brüder bestimmte über innere Belange seines Landes selbständig. Balthasar behielt

Thüringen, doch Wilhelm I. bekam nun nicht das Pleißenland, sondern die Mark Meißen und Friedrich das Osterland.

Friedrich der Strenge starb am 26. Mai 1381 zu Altenburg an der Gicht und wurde in der bisherigen Familienlege zu Altzella bestattet. Er sollte der letzte Fürst dieses Hauses bleiben, der hier ewige Ruhe fand.

8. Balthasar (1381–1406)

Der Landgraf Balthasar ist einer der wenigen Wettiner des Mittelalters, von dem kein Beiname überliefert ist. Da sein Name in der Familie ungewöhnlich und einmalig war, bestand auch keine Notwendigkeit, ihn durch einen schmückenden Zusatz von anderen Trägern des gleichen Namens abzusetzen.

Nachdem fast 60 Jahre lang alle wettinischen Besitzungen in einer Hand verwaltet worden waren, erlangte die Landgrafschaft Thüringen unter Balthasar wieder eine größere Selbständigkeit. Im Jahre 1382, im Folgejahr nach dem Tode Friedrichs des Strengen, schlossen die drei wettinischen Parteien am 13. November den Vertrag von Chemnitz, in dem sie die Gesamtverwaltung aufhoben und jedem Landesteil seine Unabhängigkeit zusicherten. Balthasar erhielt Thüringen, Wilhelm I. die Mark Meißen und Teile des Oster- und des Pleißenlandes, die drei Söhne Friedrichs des Strengen Teile des Osterlandes und Südthüringens. Nur Freiberg sowie die Bergwerke blieben in gemeinsamer Nutzung.

Landgraf Balthasar im Kampf gegen die Sterner, Fresko im Palas der Wartburg, Moritz von Schwind, 1854

8. 1. Die Ausbreitung der Wettiner in Thüringen

Balthasar versuchte, wie andere auch, seinen Besitz auszudehnen und abzurunden. Große Zugewinne konnte er nicht erzielen, doch einige kleinere Erfolge hatte er durchaus zu verzeichnen. Sein Augenmerk richtete sich besonders auf Hessen. Als junger Mann hatte Balthasar auf seiten des hessischen Landgrafen militärisch eingegriffen, als das Adelsbündnis der >Sterner< die landgräfliche Macht bedrängte. Später verbündete er sich mit dem Erzbischof von Mainz und belagerte von 1386 bis

1388 dreimal vergeblich Kassel. Lediglich Gebiete um Eschwege und Sontra konnte er in Hessen an sich bringen. Beide Städte wurden von seinem Nachfolger 1433 wieder aufgegeben.

Den Besitz der Käfernburger, einer Nebenlinie des Hauses Schwarzburg, zog er ein, nachdem der letzte männliche Sproß der Familie 1385 sein Leben auf einem Kreuzzug gelassen hatte. Das westlich Eisenachs gelegene Amt Gerstungen konnte er der Abtei Fulda 1402 abnehmen.

Seine Eigenständigkeit zeigte sich, als Bruder Wilhelm mit 600 Reitern die Stadt Erfurt überfiel, Balthasar aber neutral blieb und 1396 sogar einen Frieden vermittelte. Allerdings zog Wilhelm ihn danach auf seine Seite, und beide kämpften 1398 vereint gegen die Stadt. In den dauernden Fehden und Auseinandersetzungen wechselten ständig die Konstellationen, und Balthasar tauschte schnell einmal Freund und Feind.

Die Ausbreitung des wettinischen Besitzes in Thüringen wurde nicht nur durch Balthasar, sondern auch von den drei Neffen betrieben. Neben ihren osterländischen Flecken waren ihnen in der Chemnitzer Teilung auch ostthüringische Stücke wie Jena und vor allem das Gebiet um Coburg zugefallen. 1396 brachten sie die Stadt Kahla und die Leuchtenburg südlich Jenas endgültig an sich. Um eine Verbindung mit dem Coburger Land herzustellen, erwarben sie 1389 Saalfeld. Im Süden griffen sie über Thüringen hinaus und kauften 1400 die fränkische Herrschaft Königsberg.

In Thüringen vollzog sich zu Lebzeiten Balthasars eine deutliche Verschiebung des Hauptortes nach Osten. Erst bei Friedrich dem Strengen war er von Eisenach nach

Gotha verlegt worden, und Balthasar förderte Gotha nach Kräften. Im Jahre 1373 erwarben die Wettiner Weimar, und ab etwa 1400 holte diese Stadt ihre Konkurrentin Gotha in der Anzahl der Aufenthalte des Landgrafen ein. Unter seinem Nachfolger avancierte Weimar zum bevorzugten Verweilort in Thüringen.

Seine Neffen im Osterland favorisierten Leipzig, Altenburg und Weißenfels, während Wilhelm I. am häufigsten in Meißen, Dresden und Rochlitz weilte. Von festen Residenzen kann man allerdings noch nicht sprechen, da die Landesherren fast ständig unterwegs waren und nur bestimmte Orte häufiger als andere ansteuerten.

Ein weiterer Impuls für die Entwicklung des Landes ging von Erfurt aus, wo die erste Universität im Einflußbereich der Wettiner errichtet wurde. Besonders der Erzbischof von Mainz, Erfurt gehörte zum Erzbistum, bemühte sich und erwirkte 1389 die Genehmigung des Papstes. Tatsächlich konnte die Ausbildungsstätte 1392 eröffnet werden.

Die Absicht, die einzelnen wettinischen Territorien wieder in einer Hand zu vereinen, fand 1403 ihren Ausdruck im Vertrag von Freiberg. Damit kein anderes Fürstengeschlecht Landesteile an sich ziehen konnte, wurde vereinbart, daß beim Aussterben eines der drei wettinischen Familienzweige das Gebiet entweder unter den beiden anderen Zweigen aufgeteilt oder gemeinsam verwaltet werden sollte. Dieser Fall trat 1407 tatsächlich ein.

8. 2. Wilhelm I., der Bruder Balthasars

Familiäre Verhältnisse und Verbindungen der Wettiner waren bereits im vorigen Kapitel geschildert worden.

Zwei Brüder Balthasars, Friedrich der Strenge und Ludwig, waren 1381 bzw. 1382 gestorben. Wilhelm I. regierte in der Mark Meißen und in großen Teilen von Oster- und Pleißenland.

Schon zu Lebzeiten wurde er Wilhelm >der Einäugige< (lat. Monoculus, später Cocles) genannt. Bei welcher Gelegenheit er ein Auge verloren hatte, ist unbekannt. Wie seine beiden anderen Brüder weltlichen Standes wurde er mit einer Angehörigen des luxemburgischen Kaiserhauses verlobt, doch nur bei ihm erwuchs daraus eine Ehe. Seine Gemahlin hieß Elisabeth und war eine Nichte des Kaisers Karl IV. Als sie nach 34jähriger Ehe gestorben war, ging Wilhelm im Jahre 1403 eine zweite Verbindung mit Anna ein, der Tochter des Herzogs Otto von Braunschweig. Als er am 10. Februar 1407 kinderlos starb, wurde er neben seiner ersten Frau im Dom zu Meißen bestattet.

Sein Gebiet fiel an die anderen Wettiner zurück. Während der Amtszeit hatte er sein Territorium weiter abrunden können und z.B. den Königsstein, Colditz und Pirna erworben. Pirna hatte bisher zu Böhmen gehört. Der Nachfolger Karls IV. konnte die böhmisch-luxemburgische Vormachtstellung im Reich nicht bewahren. Er wurde 1400 als deutscher König abgesetzt, und Markgraf Wilhelm I. beteiligte sich an einem Feldzug gegen dessen Zentrum Prag im Jahre 1401.

Die drei Neffen Balthasars beherrschten den osterländisch-coburgischen Anteil. Georg, der jüngste von ihnen, starb bereits mit 21 Jahren. Seine beiden Brüder Friedrich der Streitbare und Wilhelm II. führten die wettinischen Lande einem neuen Zeitabschnitt entgegen.

8. 3. Die Familie Balthasars

Landgraf Balthasar schloß zwei Ehen, hatte eine Tochter und einen Sohn. Als 1336 geborener zweiter Sohn Friedrichs des Ernsthaften wurde er 1350 mit einer weiteren Nichte Karls IV. verlobt. Nachdem sich dieses Heiratsprojekt zerschlagen hatte, blieb Balthasar noch längere Zeit ledig und heiratete erst 1374 im Alter von 38 Jahren. Seine Gemahlin hieß Margarethe und war die Tochter des Burggrafen Albrecht von Nürnberg. Mütterlicherseits stammte sie von den Hennebergern ab, und nach dem Tode ihrer Eltern brachte sie die hennebergische Pflege Heldburg mit der Stadt Hildburghausen an die Wettiner. Ihre Tochter Anna heiratete Rudolf III. von Sachsen. Der einzige Sohn von Balthasar und Margarethe sollte als Friedrich der Friedfertige das Erbe antreten.

Im Jahre 1404, vier Jahre nach dem Tode der ersten Ehefrau, heiratete Balthasar erneut, obwohl er bereits 68 Jahre zählte. Seine zweite Gemahlin, Anna, war die Witwe des Herzogs Friedrich von Braunschweig. Sie stammte aus dem kurfürstlichen Hause Sachsen-Wittenberg und war die Schwester desselben Rudolf III., dem vormals Balthasars Tochter angetraut war. Die Wettiner bemühten sich offensichtlich um familiäre Bindungen zum Kurfürstentum Sachsen. Es fiel ihnen im Jahre 1423 tatsächlich zu.

Während der Regierungszeit des Landgrafen Balthasar gab es zwar Anzeichen für eine thüringische Sonderentwicklung, doch blieb das Land letztlich ein Bestandteil des wettinischen Gesamtstaates. Er hatte eine in Bargeld zu zahlende Landessteuer für jede Person eingeführt, die >Bär< genannt wurde (von >bar< – Bargeld). Wie andere

Landesherren seiner Zeit machte er Schulden, um seinen Geldbedarf befriedigen zu können. Schließlich starb Balthasar am 18. Mai 1406 auf der Wartburg und wurde wie seine erste Gattin in Reinhardsbrunn beigesetzt.

9. Friedrich der Friedfertige (1406–1440)

Nach dem Tode Balthasars übernahm sein 21jähriger Sohn Friedrich der Friedfertige die Herrschaft in Thüringen. Er wurde mit verschiedenen Beinamen bedacht. Einmal nannte man ihn Friedrich >den Jüngeren<, um ihn von seinem Cousin Friedrich dem Streitbaren abzuheben, der den selben Namen trug und auch in der Zählung als Friedrich IV. ihm gleich war. Zum zweiten wurde er Friedrich >der Einfältige< betitelt.

Auch der dritte Beiname, >der Friedfertige<, war wohl wenig schmeichelhaft gemeint. Seine Amtsführung war arm an kriegerischen Unternehmungen. In der Geschichtsschreibung vergangener Jahrhunderte galt ein Herrscher nur als tatkräftig, wenn er verlustreiche Kriege führte und seine Gegner in Schrecken versetzte. Friedrich wurde bereits von den Zeitgenossen >der Einfältige< oder >der Friedfertige< genannt.

9. 1. Friedrich der Friedfertige und die Verwaltung seines Landes

Wenige Monate nach dem Vater Balthasar starb am 9. Februar 1407 Wilhelm I. Um sein Herrschaftsgebiet, die Mark Meißen sowie Teile des Oster- und Pleißenlandes, zwischen den lebenden Wettinern aufzuteilen, wurde eine Kommission eingesetzt. Ihre Arbeit mündete am 31. Juli 1410 in den Vertrag von Naumburg. Friedrich der Friedfertige erhielt aus der Erbmasse den südlichen Gebietsabschnitt, darunter Dresden, Pirna und Zwickau. Freiberg gehörte ihnen gemeinsam. Sie betonten die Einheit ihrer Länder und versicherten sich gegenseitiger Erbschaft, so daß der wettinische Gesamtbesitz in der Perspektive zu einem Komplex zusammenfallen konnte.

Über den anderen Teil einigten sich Friedrich der Streitbare und Wilhelm II. 1411 in einem zeitlich begrenzten Vertrag, dem 1415 und 1423 weitere folgten. Friedrich erhielt die östlichen Territorien mit den Zentren Meißen, Leipzig und Grimma, Wilhelm die westlichen mit den Hauptorten Altenburg und Weißenfels.

Im Todesjahr Wilhelms I. 1407 heiratete Friedrich der Friedfertige die Schwarzburgerin Anna. Damit kam die Annäherung an dieses thüringische Grafengeschlecht zu einem gewissen Abschluß. Mehr noch, Friedrich geriet unter den bestimmenden Einfluß seines Schwiegervaters Günther XXIX. von Schwarzburg und seines Schwagers Heinrich XXIX. von Schwarzburg.

Allerdings beherrschten sie die Geschicke des Landes nicht unangefochten. Die beiden Cousins, Friedrich der Streitbare und Wilhelm II., waren 1412 mit Heeresmacht in Thüringen eingedrungen, hatten Gotha und schließlich Eisenach mit der Wartburg eingenommen. Auf der Burg trafen sie mit den Schwarzburgern und Friedrich dem Friedfertigen zusammen. Trotz der Überlegenheit der beiden Markgrafen einigten sich die Parteien gütlich.

Friedrich der Friedfertige verbündete sich zeitweilig mit den sogenannten Fleglern. Der Name dieser Bewegung ging wahrscheinlich auf das Zeichen in ihrer Fahne zurück; viele von ihnen hatten offenbar keine andere Waffe als den Dreschflegel. Sie wurden vom Grafen Dietrich von Hohnstein angeführt und operierten um 1410 südlich des Harzes. Ihr Vorgehen gegen Städte und Burgen war vermutlich von der Verzweiflung der ländlichen Bevölkerung motiviert. Aus diesen Jahren berichten die Chroniken von heftigen Unwettern in Thüringen mit anschließendem Ernteausfall und Hungersnot. Die Flegler wurden von den beiden Markgrafen Friedrich und Wilhelm entscheidend besiegt.

Eine wichtige Rolle bei der Zurückdrängung der Schwarzburger und bei der Machterweiterung der beiden Markgrafen spielte die sogenannte >Löwengesellschaft<. Sie verband wettinische Lehnsleute innerhalb und außerhalb Thüringens. Diese Gesellschaft wurde von den beiden Brüdern Apel und Busso Vitztum inspiriert. Nach der Heirat Friedrichs des Friedfertigen mit Anna von Schwarzburg 1407 wurden sie aus ihren Ämtern als landgräflich-thüringische Räte gedrängt, kamen jedoch bei Friedrich dem Streitbaren bzw. Wilhelm II. unter. In den nächsten Jahren leistete besonders Apel Vitztum unschätzbare Dienste bei diplomatischen Verhandlungen, insbesondere beim Erwerb der Kurwürde 1423. Mitte der 20er Jahre wurde er der Unterschlagung beschuldigt und hingerichtet. Seinem Bruder Busso wird nachgesagt, er habe aus Rache die Flucht des sächsischen Heeres vor Aussig (Ústi nad Labem) im August 1426 herbeigeführt.

9. 2. Der Hussitenkrieg und der Erwerb des sächsischen Kurkreises

Während der Regierungszeit Friedrichs des Friedfertigen beeinflußten die Auseinandersetzungen um Jan Hus und seine Anhänger die Entwicklung in den wettinischen Gebieten gravierend. Diese Bewegung ging von Böhmen aus, und schon seit vielen Jahrzehnten waren die Beziehungen der Wettiner zum südlichen Nachbarn besonders eng.

Als 1409 der böhmische König Wenzel zugunsten des böhmisch-tschechischen Teils in die Prager Universitätsbelange eingriff, zogen die deutschen Professoren und Studenten aus. Mit Unterstützung der wettinischen Markgrafen Friedrich dem Streitbaren und Wilhelm II. gründeten sie 1409 die Universität Leipzig.

Seit 1410 gebot Sigismund, ein Sohn Karls IV., als König über das deutsche Reich. Zum Konzil von Konstanz am Bodensee versprach er Jan Hus freies Geleit. Doch der tschechische Reformator wurde 1415 wortbrüchig als Ketzer verbannt. So nimmt es nicht wunder, daß die Anhänger des Hingerichteten, die Hussiten, nicht akzeptierten, daß der lügnerische Sigismund 1419 die böhmische Krone erben sollte. Über anderthalb Jahrzehnte zogen sich die Hussitenkriege hin.

Im Kampf gegen die als Ketzer verdammten Abtrünnigen engagierte sich besonders Friedrich der Streitbare. Zunächst beteiligte er sich gemeinsam mit Wilhelm II. im Sommer 1420 am Sturm auf Prag, der mit einer schweren Niederlage für die Eindringlinge endete. Während die Anhänger des Königs Sigismund danach von Mißerfolg zu Mißerfolg eilten, erlangte Friedrich der Streitbare im August 1423 vor Brüx (Most) einen Sieg. Mit dieser Empfehlung konnte er die Kurwürde erlangen.

Im Jahre 1422 kam der letzte kursächsische Askanier Albrecht III. ums Leben. König Sigismund zog den Kurkreis als erledigtes Reichslehen ein und vergab ihn am 6. Januar 1423 an Friedrich den Streitbaren. Bis 1815 sollte er fester Bestandteil des wettinischen Territoriums bleiben. Mit dem Kurkreis machten die Wettiner auch die Zeichen der Vorgänger zu ihren Hauptwappen: Es handelt sich erstens um die gelben und schwarzen Balken mit dem grünen Rautenkranz und zweitens um die roten Kurschwerter auf schwarz-weiß geteiltem Grund. Das Wappen in Gelb-Schwarz mit Rautenkranz erscheint heute im Wahrzeichen der Bundesländer Sachsen und Sachsen-Anhalt. Die gekreuzten Schwerter sind das Zeichen eines Hofamtes, u. zw. des Marschalls des deutschen Reiches. Später wurden sie zum Markensignum des Meißner Porzellans.

Noch schwerwiegendere terminologische Folgen hatte der Erwerb des Kurkreises auf den Ländernamen. Im Zuge von Wanderungsbewegungen und politischen Veränderungen war der Name >Sachsen< einst von der Bevölkerung Nordwestdeutschlands auf den Kurkreis um Wittenberg übergegangen. Da nun dieses Gebiet das ranghöchste innerhalb des wettinischen Gesamtterritoriums darstellte, begannen die Wettiner bei der Aufzählung ihrer Titel mit dem Kurfürst bzw. Herzog von Sachsen, noch vor dem Markgrafen von Meißen und dem Landgrafen von Thüringen. Der Kurztitel >Herzog von Sachsen< setzte sich ebenso durch, wie der Name >Sachsen< auf ihr Land übertragen wurde.

Doch zurück in die Zeit der Hussitenkriege. Da König

Großes sächsisches Wappen (um 1620) am Schloß zu Torgau

Sigismund in Ungarn gebunden war, übertrug er 1424 seine Vollmachten über Böhmen an Friedrich den Streitbaren. Doch der frischgebackene Kurfürst erlitt nun verlustreiche Niederlagen, wie 1425 vor Brüx (Most), wo er vorher gesiegt hatte. Besonders viele Thüringer fielen 1426 in der Schlacht vor Aussig (Usti nad Labem). Nachdem deutsche Heere seit fast zehn Jahren böhmischen Boden zerstampft hatten, unternahmen die Hussiten 1429/30 mehrere Angriffszüge gegen die Wettiner.

Eine ganze Reihe von Städten oder wenigstens Vorstädten wurden zerstört, so Altenburg, Crimmitschau und Plauen. Die Truppen der Markgrafen wichen einer ernsthaften Auseindersetzung aus. Nur Friedrich der Friedfertige vertrieb sie vor seiner Stadt Dresden. Sein Hauptland Thüringen wurde nicht angegriffen, dafür das fränkische Territorium, also der südliche Nachbar. Ein Gedicht reimte:

>Meißen und Sachsen verderbt,
Schlesien und Lausitz zerscherbt,
Bayern ausgenärbt,
Östreich verheert,
Mähren verzehrt,
Böheim umgekehrt.<

Trotzdem fiel ein deutsches Heer 1431 abermals in Böhmen ein. Als am 14. August 1431 die beiden Streitkräfte in der Nähe von Taus (Domažlice) aufeinandertrafen, genügte bereits der Schlachtgesang der böhmischen Truppen, um bei den Gegnern eine heillose Flucht auszulösen. Friedrich der Sanftmütige, der Sohn und Nachfolger Friedrichs des Streitbaren, schloß daraufhin 1432 Frieden mit den Hussiten.

Die Bewegung in Böhmen hatte bald danach ihren Höhepunkt überschritten. 1436 konnte Sigismund in Prag einziehen und die böhmische Königswürde tatsächlich annehmen.

Während der Regierungszeit Friedrichs des Friedfertigen erwarben die Wettiner erneut einige Gebiete. Allerdings gaben sie 1433 Sontra und Eschwege an Hessen zurück. Zwischen dem osterländischen und dem coburgischen Besitz konnte die Landverbindung weitgehend geschlossen werden, als 1418 Pößneck und 1428 die Herrschaft Gräfenthal erworben wurde. Der Gewinn des Kurkreises 1423 war sicherlich das weitreichendste Ereignis, das nicht nur an der Gebietersweiterung zu messen ist. Bei der gleichen Gelegenheit wurde die sächsische Pfalz um Allstedt hinzugeschlagen.

9. 3. Friedrich der Friedfertige in Thüringen

Unter Friedrich dem Friedfertigen vollzog sich endgültig die Verlagerung des thüringischen Zentrums nach Weimar, was sich unter seinem Vater schon angedeutet hatte. Nicht nur, daß die meisten Aufenthalte Friedrichs auf Weimar entfallen, er förderte die Entwicklung der Stadt. Er befreite die Bürger von Frondiensten (1407), verlieh ein neues Stadtrecht (1410) und die niedere Gerichtsbarkeit und überließ ihnen das Grundstück für das Stadthaus. Auch ein Stadtbrand im Jahre 1424 änderte wenig, sondern forcierte eher den Neubau von Rathaus und Schloß.

An zweiter Stelle in Thüringen stand nunmehr Gotha. Häufig suchte Friedrich Weißensee auf, wo er auch starb. Eisenach und die Wartburg wurden mehrfach als Aufenthaltsorte genannt, spielten jedoch eine untergeordnete Rolle. Seinen Hauptstützpunkt in der Mark Meißen bildete zweifellos Dresden, das er ebenso häufig wie Gotha aufsuchte.

Wie kaum ein anderer Landgraf wurde Friedrich der Friedfertige von ständiger Schuldenlast geplagt. Mehrfach mußte er deshalb Burgen und Schlösser verpfänden. Eine andere Möglichkeit, um die Finanznot zu lindern, bestand darin, die im Geldgeschäft versierten Juden zu schröpfen. Um 1410 wurden sie in den wettinischen Landen verhaftet und um hohe Lösegelder erpreßt. Im Jahre 1436 ordnete der Landgraf ihre Vertreibung aus Thüringen an. Als 1438 eine Seuche viele Menschen dahinraffte, mündete die Erbitterung gegen die Andersgläubigen 1439 in eine neue Welle von Judenverfolgungen.

Mit dem Tode Friedrichs des Friedfertigen 1440 wurden die wettinischen Territorien, die seit 1382 eine Phase der Aufsplitterung in drei Linien erlebt hatten, nochmals vereinigt, was eng mit der Entwicklung innerhalb der wettinischen Dynastie zusammenhängt. Zuerst endete die eine Linie durch den Tod des kinderlosen Wilhelms I. im Jahre 1407.

Bereits erwähnt wurde, daß Friedrich der Friedfertige aus der ersten Ehe des Landgrafen Balthasar (gestorben 1406) stammte und 1384 geboren wurde. Da er der einzige erbberechtigte Sohn war, unterblieben weitere Landesteilungen. Ein Nachkomme war ihm nicht vergönnt, so daß mit seinem Ableben die zweite von den drei wettinischen Linien endete.

Vor seiner Heirat war er zweimal verlobt. Noch im kindlichen Alter, im Jahre 1392, wurde ihm Margarethe, die Tochter des hessischen Landgrafen Hermann II., angetragen. Doch der Papst untersagte aufgrund der engen Blutsverwandtschaft eine Vermählung. Eine zweite Verlobung wurde mit Elisabeth, der Tochter Johanns von Görlitz und Enkelin Kaiser Karls IV., angebahnt, doch auch sie zerschlug sich. Weiterhin versuchte das mailändische Adelsgeschlecht der Viscontis, nacheinander zwei seiner Töchter dem zukünftigen Landgrafen anzutrauen.

Schließlich vermälte er sich 1407 mit Anna von Schwarzburg. Die Ehe blieb kinderlos. Anna starb 1431 in Freiberg und wurde zu Reinhardsbrunn bestattet. Ihr Kaplan war der gebildete und schreibgewandte Geistliche Johannes Rothe gewesen, der in drei Chroniken, einem

Reimwerk über die heilige Elisabeth und einer Eisenacher Rechtssammlung thüringische Geschichte wiedergab. Seine Werke gehören zu den wichtigsten Quellen über das mittelalterliche Thüringen. Da er in seine Chroniken offenbar viele mündliche Berichte eingeflochten hat, erweisen sich einerseits viele dargestellte Fakten als unrichtig, andererseits überliefert er zahlreiche lokale Sagen wie die über die Wartburg. Sein Grabstein befindet sich im Chor der ansonsten nur als Ruine erhaltenen Erfurter Barfüßerkirche.

Friedrich der Friedfertige heiratete nicht wieder. Er verschied am 4. Mai 1440 zu Weißensee und wurde neben seiner Gattin in Reinhardsbrunn beigesetzt. Damit brach dort die Reihe der fürstlichen Bestattungen endgültig ab, denn niemals wieder wurde in diesem ehemaligen ludowingischen Hauskloster ein Wettiner begraben.

9. 4. Friedrich der Streitbare und Friedrich der Sanftmütige

Die dritte Linie, die auf Friedrich den Strengen zurückging, war wesentlich zahlreicher als die beiden ersten Verwandtenreihen. Während seiner Regierungszeit hatte Friedrich der Friedfertige es zunächst mit Friedrich dem Streitbaren und Wilhelm II. zu tun, den beiden Söhnen Friedrichs des Strengen.

Wilhelm II. wurde 1371 geboren. Er beteiligte sich an vielen Unternehmungen des Bruders. Ab 1411 beherrschte er den westlichen Teil des osterländisch-coburgischen Familienbesitzes. Die spätere Geschichtsschreibung versah ihn mit dem Beinamen >der Reiche< (lateinisch >Dives<). Er starb am 30. März 1425 in seinem Hauptort

Altenburg und wurde im dortigen Georgenstift bestattet. Sein gesamter Besitz ging an den Bruder Friedrich den Streitbaren über.

Friedrich der Streitbare (lat. Bellicosus) machte seinem Beinamen, der ihm im 16. Jahrhundert verliehen wurde, alle Ehre. Als erstgeborener Sohn Friedrichs des Strengen 1370 zur Welt gekommen, war er schon in jungen Jahren an bewaffneten Auseinandersetzungen beteiligt, so 1384 in den Verwicklungen um den Merseburger Bischofsstuhl und 1388 um den schwäbisch-rheinischen Städtebund. Dem Deutschen Orden half er 1391 gegen die Litauer. Auch beim Marsch nach Prag, der 1401 die Absetzung Wenzels als deutschen König durchsetzen sollte, fand man ihn zusammen mit dem Bruder Wilhelm und dem Cousin Friedrich dem Friedfertigen im Gefolge seines Onkels Wilhelm I. In seinen letzten Lebensjahren engagierte er sich, wie erwähnt, bei der Bekämpfung der aufständischen Hussiten.

Friedrich der Streitbare verschied am 4. Januar 1428 zu Altenburg. Er wurde im Meißner Dom bestattet. Aus Furcht vor der Einnahme der Stadt und einer Grabschändung durch die Hussiten wurde die Stelle vorerst nicht gekennzeichnet. Später wurde dies nachgeholt. Die Grabplatte mit dem gesamten in Bronze gegossenen Aufsatz, in historischen Darstellungen oft abgebildet, wurde so kunstvoll gefertigt, daß man versucht hat, sie dem Begründer der berühmten Vischerwerkstatt in Nürnberg zuzuschreiben.

Im Jahre 1402 hatte Friedrich der Streitbare Katharina, die Tochter Heinrichs von Braunschweig, geheiratet. Gemeinsam hatten sie sechs Kinder, davon vier Söhne und zwei Mädchen: Friedrich den Sanftmütigen (geboren

Kurfürst Friedrich der Streitbare (gest. 1428), Fürstenkapelle des Doms in Meißen, Grabplatte (Bronzeguß), um 1430

1412), Sigismund (1416), Heinrich (1421), Wilhelm (1425), Anna (1420) und Katharina (1421).

Anna wurde mit Ludwig I., dem Landgrafen von Hessen, auf ewig verbunden. Mit der Verlobung kam 1431 wieder einmal eine Erbverbrüderung zwischen den Wettinern und den hessischen Landgrafen zustande, die jedoch nicht zu einer Vereinigung der Länder führte. Die bereits erwähnte Rückgabe Eschweges und Sontras an Hessen kam in diesem Zusammenhang zustande.

Katharina, die zweite Tochter, vermählte sich mit Friedrich II. von Brandenburg, der als zweiter Markgraf aus dem Hause Hohenzollern von 1440 bis 1471 Brandenburg regierte. Auch mit den Hohenzollern wurde 1435 eine Erbeinigung vereinbart.

Von den Söhnen Friedrichs des Streitbaren erlangte Heinrich keine Bedeutung, da er bereits 1435 starb. Sigismund, offensichtlich nach dem damaligen deutschen König benannt, schlug die geistliche Laufbahn ein. 1440 gelangte er auf den Bischofsstuhl von Würzburg, wurde jedoch drei Jahre später vertrieben. Weil er nun seinen Anteil verlangte, wurde er zuerst auf Schloß Scharfenstein und dann zu Rochlitz in Verwahrung gebracht. Er starb 1463 zu Rochlitz und wurde im Meißner Dom bestattet.

Friedrich der Sanftmütige und Wilhelm der Tapfere führten tatsächlich die wettinische Herrschaft weiter. Wilhelm erhielt seine Ausbildung für drei Jahre ab 1437 am Hofe seines Cousins Friedrich des Friedfertigen. Dabei erwarb er sicherlich viele Kenntnisse, die ihm später bei der Machtausübung über Thüringen zugute kamen.

Sein Bruder Friedrich wurde an einer noch bedeutenderen Stätte erzogen. Er weilte als Kind am Hofe des deutschen Königs Sigismund und fungierte ab 1423 als erster Leibpage.

Er war der Erstgeborene und beim Tode des Vaters im Jahre 1428 trotz seines jugendlichen Alters einigermaßen handlungsfähig. Der Kurkreis um Wittenberg wurde ihm persönlich zugesichert, während die übrigen wettinischen Gebiete zur Teilung unter die Brüder vorgesehen waren. Als Kurfürst unterstützte er bei den Königswahlen 1438 und 1440 die Habsburger Albrecht II. und Friedrich III. Mit dem Tode Sigismunds 1437 waren die Luxemburger im Mannesstamm ausgestorben. Die Habsburger traten ihr Erbe an und setzten auch ihre Politik fort. Friedrich der Sanftmütige stand zu ihnen in enger verwandtschaftlicher Beziehung. Er hatte 1431 Margarethe von Österreich geheiratet, die Schwester des nachmaligen deutschen Königs Friedrich III.

10. Wilhelm der Tapfere (1440–1482)

Mit dem Tode Friedrichs des Friedfertigen starb der Zweig des wettinischen Hauses aus, den Balthasar begründet hatte. Der gesamte Besitz fiel an die beiden Brüder Friedrich den Sanftmütigen und Wilhelm den Tapferen.

Die Beinamen wurden ihnen nicht von den Zeitgenossen gegeben. Vielmehr wandte man zunächst die Zählung an. Friedrich war nach seinem Vater der zweite wettinische Kurfürst und wurde schon im 14./15.Jahrhundert als Friedrich II. oder >der andere< (von zweien) bezeichnet. Zur gleichen Zeit nannten die Schreiber Wilhelm III. Seit dem 16. Jahrhundert taucht für Friedrich der Beiname >der Gütige< oder >der Sanftmütige< (lat. >Placidus<) auf. Als >der Tapfere< wurde Wilhelm wahrscheinlich erst seit Anfang des 18. Jahrhunderts bezeichnet.

Von 1440 bis 1445 wurde die Macht über alle wettinischen Territorien formal gemeinschaftlich ausgeübt, doch faktisch nahm Friedrich der Streitbare eine Art Vorherrschaft wahr. Sein Bruder war 1440 erst 15 Jahre alt und in der folgenden Zeit mit Ambitionen auf einen erheblichen Territorialgewinn zwischen Mosel und Maas beschäftigt, der ihm durch eine Verlobung greifbar schien.

10. 1. Teilung und sächsischer Bruderkrieg

Weil Wilhelm dann doch auf Teilung drängte, wurde zu Rochlitz, Meißen und Altenburg verhandelt. Am 26. September 1445 wurde die Aufspaltung vollzogen. Wilhelm benannte die beiden Landeshälften, und Kurfürst Friedrich wählte seinen Teil aus. Entgegen den Erwartungen entschied er sich für Thüringen.

Dagegen empörten sich die Landstände und erwirkten am 11. Dezember 1445 im Kloster Neuwerk den sogenannten Halleschen Machtanspruch, der bald auf Friedrichs Widerstand stieß. Freiberg und die Bergwerke sollten gemeinsamer Besitz bleiben, gegenseitige Beerbung war vorgesehen. Friedrich der Sanftmütige sollte den Kurkreis um Wittenberg und die Mark Meißen erhalten, Wilhelm der Tapfere Thüringen mit den fränkischen Anhängseln. Eigentlich sollte nur das Osterland aufgeteilt werden, von dem Friedrich der größere Abschnitt mit Leipzig und Altenburg zugedacht war.

Die Ansichten der verschiedenen Seiten wurden unvereinbar, so daß 1446 zwischen beiden Wettinern der sächsische Bruderkrieg ausbrach, der bis 1451 währte. Er rief wohl die größten Kriegsverluste des 15. Jahrhunderts in Sachsen und Thüringen hervor. Zahlreiche Ortschaften und ihre Einwohner wurden dem Machtkampf innerhalb des Herzogshauses und zwischen anderen Adelskreisen geopfert.

Kurfürst Friedrich eröffnete die bewaffneten Auseinandersetzungen mit einem Schlag gegen Roßla (zwischen Nordhausen und Sangerhausen), wo die Vitztume Besitz hatten. Apel und Busso Vitztum hatten großen Einfluß auf Herzog Wilhelm erlangt. Sie besaßen umfangreiche Güter in Thüringen und verfolgten in erster Linie ihre eigenen Interessen.

Wilhelm der Tapfere wurde bei seiner Hochzeit in Jena von der Nachricht über den Ausbruch des Krieges überrascht. Er geriet zunehmend in Schwierigkeiten, da sich immer mehr geistliche und weltliche Machtträger gegen ihn stellten. Aus Böhmen verpflichtete er 9.000 Söldner, die er 1447 an den Kölner Erzbischof weiterreichte, der gerade eine Fehde gegen die Stadt Soest austrug. Nach umfangreichen Zerstörungen im Naumburger Gebiet und im Saaletal wurde am 12. Mai 1447 zu Naumburg ein brüchiger Frieden geschlossen. Für neuen Konfliktstoff sorgte der Schwarzburger Hauskrieg. Die Wettiner wurden in die Auseinandersetzungen unter den Schwarzburger Grafen hineingezogen.

Gleichzeitig war Friedrich der Sanftmütige in einen weiteren Streit mit den brandenburgischen Markgrafen um den Besitz der Lausitz verwickelt. Einen Schlachtensieg vom März 1450 konnte er nicht weiter ausbauen.

Das Jahr 1450 brachte den letzten Kulminationspunkt des Krieges zwischen Friedrich und Wilhelm. Ein starkes böhmisches Heer fiel in Sachsen ein und vereinigte sich vor Pegau mit den Truppen Wilhelms des Tapferen. Mit der gebündelten Schlagkraft wurde Gera belagert und am

Friedrich der Streitbare, Fürstenzug zu Dresden, Wilhelm Adolf Walther, Porzellankacheln, 1872–1876

Friedrich der Sanftmütige und seine Söhne Ernst und Albrecht, Fürstenzug zu Dresden, Wilhelm Adolf Walther, Porzellankacheln, 1872–1876

15. Oktober 1450 eingenommen. Die Stadt wurde eingeäschert.

Danach bahnte sich eine Verständigung zwischen den beiden wettinischen Brüdern an. Darum wob sich eine Sage, die von dem Lutherfreund Georg Spalatin überliefert wurde: Als sich die feindlichen Brüder an der Elster gegenüberstanden, soll sich dem Kurfürsten ein Schütze erboten haben, den Widersacher mit einem Schuß niederzustrecken. Doch Friedrich wies ihn mit den Worten zurecht: >Schieß, wohin du willst, nur meinen Bruder nicht.<

Immerhin konnte am 27. Januar 1451 zu Pforta bei Naumburg der Frieden geschlossen werden. Die Beziehungen zwischen Friedrich dem Sanftmütigen und Wilhelm dem Tapferen gestalteten sich seitdem einvernehmlich. Der Teilungszustand aus dem Jahre 1445 blieb bestehen. Im nachhinein muß man sich fragen, wozu der Krieg und die zahlreichen Verwüstungen überhaupt angerichtet worden waren. Vielleicht zielten die Bestrebungen wirklich darauf, den örtlichen Adel zu schwächen, womit Kurfürst Friedrich die Eröffnung der Feindseligkeiten 1446 begründet hatte. Zwei Beispiele bestätigen diese Annahme: Erstens das Schicksal der Vitztume und zweitens der Fall des Prinzenräubers Kunz von Kauffungen.

10. 2. Der Streit mit den Vitztumen und der Prinzenraub

Die beiden Vitztume, Apel und Busso Vitztum, waren als Berater des Kurfürsten ausgeschieden und gehörten zu den einflußreichen Räten Wilhelms. Sie hatten den Halleschen Machtanspruch von 1445 derart gestaltet, daß ihre eigenen Besitzungen nicht in den Herrschaftsbereich Friedrichs, sondern unter Wilhelm gerieten. Friedrich eröffnete deshalb den Bruderkrieg formal mit einem Schlag gegen die Vitztume und nicht gegen seinen Bruder.

Wilhelm der Tapfere überzeugte sich oder wurde davon überzeugt, daß die Vitztume nur ihre eigenen Interessen verfolgt und auf seinen Tod im Laufe der Kämpfe spekuliert hätten. Als ein Verwandter der beiden Vitztume eine burgundische Gesandtschaft gefangennahm und verschleppte, ließ der Herzog die beiden Entführungsorte Leuchtenburg und Kapellendorf belagern und einnehmen. Apel Vitztum versuchte die Pflege Coburg, die er an sich gebracht hatte, zu halten, doch wurde er auch daraus von Wilhelm vertrieben. In den folgenden Jahren fanden die Vitztume in Böhmen Zuflucht und versuchten von da aus, gegen die Wettiner zu intrigieren. Erst 1479 kam eine Versöhnung zustande.

Weniger glimpflich wurde der Prinzenräuber Kunz von Kauffungen behandelt, ein gewalttätiger, aber auch gebildeter Mann, der im Bruderkrieg auf seiten des Kurfürsten Friedrich gestanden hatte. Sein Stammgut Kauffungen befand sich in der Nähe von Penig, nördlich von Chemnitz. Kunz forderte die Rückerstattung finanzieller Aufwendungen an Kriegsdienst, Pferden, Rüstungen sowie erlittener Schäden.

Da er dem eingesetzten Schiedsgericht mißtraute, entführte er mit seinen Mitstreitern in der Nacht vom 7. zum 8. Juli 1455 die Fürstensöhne Ernst und Albrecht aus dem Schloß zu Altenburg. Die prinzliche Beute wurde in Richtung böhmische Grenze verbracht; offensichtlich war Kunzens Schloß Eisenberg in Böhmen das Ziel. Um bei einer eventuellen Befreiung des einen Prinzen den anderen als Faustpfand zu behalten, bildeten sie zwei Gruppen. Während seine Helfer mit Ernst eine Route über Zwickau wählten, wandte sich Kunz von Kauffungen mit Albrecht weiter ostwärts. In der Nähe des Klosters Grünhain wurde der jüngere Fürstensohn von Köhlern erkannt, die ihn befreiten und Kunz gefangennahmen. Bereits einen Tag nach der Entführung, am 8. Juli, saß er im Gefängnis zu Zwickau, während Albrecht nach Altenburg zurückgebracht wurde.

Die Mitverschworenen konnten sich den Verfolgern zwar entziehen, die böhmische Grenze jedoch nicht erreichen. Mit dem entführten Ernst verbargen sie sich in einer Felsenhöhle bei Hartenstein, die deshalb den Namen >Prinzenhöhle< erhielt. Einige Tage harrten sie aus, bis sie am 11. Juli 1455 die Freigabe des Prinzen anboten, wenn sie straffrei blieben. Als ihnen dies gewährt wurde, konnte Kurfürst Friedrich seinen ältesten Sohn zu Chemnitz in Empfang nehmen.

Der Anstifter des Prinzenraubes, Kunz von Kauffungen, wurde von Zwickau nach Freiberg gebracht, weil er dort Grundbesitz hatte und als Freiberger Bürger galt. Der Freiberger Stadtrichter und seine Schöffen fällten das Todesurteil, und bereits am 14. Juli, eine knappe Woche nach der Entführung, wurde Kunz auf dem Markt vor dem Rathaus mit dem Schwert enthauptet. Die schnelle Durchführung von Gerichtsverfahren und Hinrichtung wurde offenbar von Kurfürst Friedrich initiiert. Selbst dem toten Widersacher verwehrte er eine ehrenvolle Behandlung: Ein Onkel des Kunz von Kauffungen saß damals auf dem Meißner Bischofsstuhl und sorgte für die Beerdigung in der Freiberger Petrikirche, doch der Kurfürst erzwang eine Umbettung, so daß die sterblichen Überreste schließlich im unbedeutenden Neukirchen bei Freiberg ihre letzte Ruhe fanden.

Das Schicksal von Kunzens Helfershelfern gestaltete sich unterschiedlich. Einige seiner Mitgefangenen wurden hingerichtet, andere erlangten eine bedingte Begnadigung.

Schließlich wurde dem Koehler Georg Schmidt, der maßgeblich Albrechts Befreiung herbeigeführt hatte, vom Kurfürsten der Name >Triller< verliehen. Seine Familie, die Trillers, erhielt ein Freigut zu Eckersbach bei Zwickau und profitierte noch über Jahrhunderte vom Ruhme ihres Vorfahren.

Die ganze Begebenheit besaß zwar für die Entwicklung des Landes ziemlich geringe Bedeutung, traf jedoch den Geschmack der Historienmalerei und der Geschichtsschreibung des 18./19.Jahrhunderts.

10. 3. Thüringen und die Nachbarländer zur Zeit Wilhelms des Tapferen

Während der Herrschaft Wilhelms des Tapferen gestalteten sich die Beziehungen zu den wichtigsten Nachbarn zwar unbeständig, doch setzte sich immer mehr Einvernehmen durch. Im Norden dominierte die Markgrafschaft Brandenburg, im Süden Böhmen.

Die brandenburgischen Herrscher hatten 1450 mit Kurfürst Friedrich Streitigkeiten, doch kam es zu einer gegenseitigen Annäherung, die sogar in einer Erbverbrüderung und 1457/58 in familiärer Verbindung gipfelte.

Die Beziehungen zu Böhmen gestalteten sich kompliziert. Im Lande des südlichen Nachbarn konnte sich seit den 40er Jahren Georg Podiebrad faktisch durchsetzen, ein Anhänger des gemäßigten Flügels der Hussiten.

Während des sächsischen Bruderkrieges hatten sich beide Parteien um böhmische Unterstützung bemüht. Danach stellten sich die Wettiner gegen Georg Podiebrad. So nimmt es nicht wunder, daß die Vitztume nach Böhmen gingen und auch Kunz von Kauffungen in diese Richtung fliehen wollte. Das änderte sich nach der Königswahl Georg Podiebrads grundlegend. Wilhelm einigte sich mit ihm am 25. April 1459 auf dem Vergleich zu Eger (Cheb). Georg bestätigte, daß böhmische Lehen wie Plauen und Sondershausen bei den Wettinern verbleiben, und wurde im Gegenzug als böhmischer König anerkannt. Man schloß eine Erbeinigung und verabredete eine Doppelhochzeit. Albrecht der Beherzte heiratete tatsächlich die böhmische Königstochter Sidonie. Das Bündnis hielt während der weiteren Lebenszeit Podiebrads und wirkte nach.

Als 1471 Georg Podiebrad starb und der ungarische König Matthias Corvinus zum Nachfolger gewählt wurde, bewahrte sich das einvernehmliche Verhältnis. So folgten Ernst und Albrecht 1479 einer Einladung des Ungarn nach Olmütz (Olomouc) und beteiligten sich in den nächsten Jahren nicht am Heeresaufgebot des deutschen Königs gegen ihn.

In Belange des Reiches oder anderer deutscher Territorien mischte sich Wilhelm recht wenig ein. Sein Eingreifen 1468 in Hessen bildete eher eine Ausnahme. Dafür reiste er 1461 ins Heilige Land. In der Folge sollten es ihm weitere Wettiner nachtun. Die Zeit der Kreuzzüge war allerdings vorüber. Wilhelm unternahm vielmehr eine friedliche Reise, die seinem Ansehen und seiner Bildung zuträglich war.

In seinem Kernland bevorzugte Wilhelm eindeutig Weimar, das immer mehr den Charakter einer Residenz annahm. Traditionelle Nebenresidenzen wie Gotha, Eisenach oder Weißensee spielten keine Rolle mehr. Dafür trat Jena um so deutlicher hervor, das allerdings auch erst seit Wilhelm dem Tapferen den in Thüringen regierenden Wettinern zugeordnet war.

Erfurt, die mit Abstand größte Stadt Thüringens, kam als Residenz natürlich nicht in Frage, weil es zum Kurfürstentum und Erzbistum Mainz gehörte. Wilhelm half der Stadt, sich aus den Auseinandersetzungen dieser Zeit so gut es ging herauszuhalten und einen möglichst großen Spielraum gegenüber Mainz zu bewahren. Zunehmend geriet Erfurt unter den Einfluß der Wettiner. 1479 wurde Albrecht, ein Großneffe Wilhelms des Tapferen, zum Provisor (Sachwalter, Statthalter des Erzbischofs) der Stadt ernannt. Dieser Albrecht von Sachsen bestieg 1482 sogar den Mainzer Erzbischofsstuhl, und im Frieden von Weimar 1483 mußte Erfurt eine Art wettinische Schutzherrschaft anerkennen.

10. 4. Das familiäre Umfeld

Bliebe noch das familiäre Umfeld Wilhelms des Tapferen. Sein Bruder Friedrich der Sanftmütige regierte als Kurfürst von Sachsen bis zu seinem Tode am 7. September 1464. Er wurde in der vorderen Meißner Fürstenkapelle begraben, die er bis 1440 bauen ließ. Er hatte sich vorwiegend in Meißen aufgehalten, des öfteren auch in Grimma, Leipzig, Torgau und Dresden.

Aus seiner Ehe mit der Habsburgerin Margarethe gingen insgesamt acht Kinder hervor. Die beiden Söhne Ernst

(1441 geboren) und Albrecht (1443), die Opfer des Prinzenraubes, traten gemeinsam die Nachfolge an. Sie beerbten nicht nur ihren Vater, sondern auch den Oheim Wilhelm den Tapferen und vereinigten letztmalig das gesamte wettinische Territorium in einer Hand.

Geschichtliche Bedeutung erlangte die Tochter Hedwig. Sie wurde 1458 Äbtissin des Stifts zu Quedlinburg. Im Jahre 1477 geriet sie in eine bewaffnete Auseinandersetzung mit der Stadt und wurde auf dem Schloßberg beschossen. Da führten ihre Brüder Ernst und Albrecht eine Streitmacht heran und zwangen Quedlinburg unter sächsische Vorherrschaft. Übrigens ließ Hedwig den erst 17 Jahre vorher errichteten Roland, das Zeichen städtischer Freiheit, in Stücke schlagen. Aus den Bruchstücken wurde er erst 1869 erneut zusammengefügt und steht heute vor dem Quedlinburger Rathaus.

Wilhelm der Tapfere heiratete zweimal. Zum ersten verband er sich 1446 in Jena mit Anna. Wie die Gattin seines Bruders Friedrich kam sie aus dem Hause Habsburg. Ihr Vater war Albrecht II., der deutsche König aus den Jahren 1438/39. Noch vor der Heirat versuchte Wilhelm, sich umfangreiche Besitzungen aus dem habsburgisch-luxemburgischen Erbe anzueignen und vor allem das Herzogtum Luxemburg an sich zu bringen.

Eine thüringisch-meißnische Heeresabteilung unter dem Grafen Ernst von Gleichen besetzte 1441 den größten Teil des Gebietes, doch im November 1443 überrum-

Herzog Wilhelm der Tapfere (gest. 1482), Grabplatte (Bronzeguß), um 1490, Stadtkirche (Herderkirche) in Weimar

pelte der burgundische Gegenspieler Philipp der Gute die Stadt Luxemburg. Die Wettiner mußten das Land räumen und 1444 in einem Vergleich darauf verzichten.

Die Ehe mit Anna endete wenig ehrenhaft. Er wies ihr die Eckartsburg bei Eckartsberga faktisch als Verbannungsort zu, wo sie von 1457 bis 1462 ihre restlichen Tage verlebte. Wilhelm hatte sich schon vorher einer Nebenbuhlerin zugewandt. Sie hieß Katharina und entstammte dem mittleren thüringischen Adel. Nach dem Tode der ersten Gattin heiratete Wilhelm sie im Jahre 1463.

Wilhelm der Tapfere hinterließ keinen erbberechtigten männlichen Nachkommen. Aus erster Ehe hatte er zwei Töchter: Margaretha und Katharina. Erstere wurde mit dem Brandenburger Johann Cicero verbunden. Die Heirat erfolgte 1458, in zeitlicher Nähe zur Vermählung ihrer Cousine Anna. Die beiden Hochzeiten mit den brandenburgischen Markgrafen besiegelten die Erbverbrüderung mit den dortigen Hohenzollern.

Wilhelm der Tapfere verstarb im Alter von 57 Jahren am 21. Oktober 1482 zu Weimar. Zunächst wurde er in der dortigen Franziskanerkirche bestattet; die bronzene Grabplatte und die Gebeine befinden sich inzwischen im Chor der Stadtkirche (Herderkirche). Das gesamte Erbe fiel an die beiden Neffen Ernst und Albrecht, denen er kurz vor dem Tode seine Länder bereits förmlich übertragen hatte.

11. Ernst und Albrecht (1482–1485)

Die Regierungszeit der beiden Brüder Ernst und Albrecht fällt zu fast zwei Jahrzehnten in die Herrschaft ihres Onkels Wilhelm. Sie haben die Geschicke in Thüringen gemeinsam nur drei Jahre lang bestimmt. Die Spaltung der wettinischen Länder zwischen ihnen sollte ungleich beständiger und folgenschwerer sein als die vergangenen. Seit 1485 unterscheidet man zwischen den Ernestinern (nach Ernst) und den Albertinern (nach Albrecht). Beide waren in Grimma geboren, zuerst Ernst am 25. März 1441, danach Albrecht am 27. Juli 1443. Deshalb wurden die Ernestiner auch >ältere Linie< und die Albertiner >jüngere Linie< genannt.

Sie traten die Nachfolge ihres Vaters Friedrich des Sanftmütigen an, als dieser 1464 starb. Beide wurden gemeinsam am 29. Juni 1465 in Wiener Neustadt feierlich vom Kaiser, ihrem Oheim, belehnt.

Die Beinamen der Brüder sind in der Geschichtsschreibung nicht gleicherart geläufig wie bei anderen Wettinern, doch immerhin besaßen sie solche. Kurfürst Ernst wurde mit dem Attribut >der Andächtige< (lat. >Religiosus<) bedacht. Albrecht hieß >der Herzhafte< oder >der Beherzte< (lat. >Animosus<).

11. 1. Anstrengungen um Macht- und Gebietserweiterung

Die Politik der beiden Wettiner griff weit über ihr eigentliches Herrschaftsgebiet hinaus. 1474/75 führten die deutschen Fürsten einen Angriff gegen den Burgunder Karl den Kühnen. Die Burgunder hatten im Grenzraum zwischen Frankreich und Deutschland eine beachtliche Machtbasis geschaffen. Albrecht von Sachsen beteiligte sich nicht nur schlechthin an dem Kriegszug, sondern trug sogar das Banner des Reichsheeres.

Mehrfach bemühten sie sich, ihren Einfluß auf Böhmen auszudehnen und dieses reiche Land in ihre Gewalt zu bekommen. Die Cousine Katharina war mit dem Sohn des böhmischen Königs Georg Podiebrad verheiratet. Als letzterer 1471 starb, marschierte Albrecht in Böhmen ein und besetzte Prag. Allerdings mußte er dem ungarischen König Matthias Corvinus weichen, mit dem er sich in Verträgen gütlich einigte.

Die Wettiner konnten sich zwar nicht dauerhaft in Böhmen festsetzen, doch erreichten sie, daß böhmische Ansprüche auf Orte im thüringisch-sächsischen Raum aufgegeben wurden. So brachten sie Plauen, Sondershausen, Eilenburg und weitere Städte, die bisher noch böhmische Lehen waren, unter ihre uneingeschränkte Kontrolle.

Albrecht spielte in einer weiteren diplomatischen Angelegenheit die Rolle des Vermittlers. Im Jahre 1479 reiste er nach Olmütz (Olomouc), wo zwischen dem polnischen und dem ungarischen König verhandelt und das Verhältnis zu Brandenburg geregelt wurde. Der polnische König Wladislaw gestand endgültig dem Ungarn Matthias Corvinus die böhmische Krone zu.

Eine Pilgerreise ins Heilige Land zu unternehmen, wurde immer mehr zur Familientradition. Albrecht brach am 5. März 1476 mit einem Gefolge von 119 Mann, darunter zwei Grafen, auf. Er zog nach Italien, besuchte Rom und trat in Venedig die Schiffsreise an. Trotz mancherlei Gefahren und Unbilden erreichte er Jerusalem. Auf der Rückreise traf er zu Wien den jugendlichen Maximilian, den späteren Kaiser. Am 30. November, nach fast acht Monaten, betrat er wieder heimischen Boden.

Über Thüringen geboten die beiden Brüder lediglich die drei Jahre zwischen 1482 und 1485 gemeinsam, u. zw. vom Tode Wilhelms des Tapferen bis zur Leipziger Teilung. Immerhin erreichten sie die größte wettinische Machtfülle in dieser Landschaft. Selbst das kurmainzische Erfurt mußte 1483 die Vorherrschaft der Wettiner über die Stadt anerkennen.

11. 2. Die Familienpolitik

Wie damals üblich, setzten Ernst und Albrecht ihre Heirats- und Verwandtschaftspolitik ein, um Einfluß und Macht zu sichern und auszuweiten. Auf ihre Eltern und Geschwister wurde im vorigen Kapitel eingegangen, und nun sollen die Gemahlinnen und Kinder folgen. Kurfürst Ernst heiratete die bayrische Herzogstochter Elisabeth. Sie starb 1484, zwei Jahre vor ihrem Gemahl, und fand in Leipzig ihre letzte Ruhe.

Der älteste Sohn erblickte am 17. Januar 1463 zu Torgau das Licht der Welt und erhielt den Namen des Großvaters. Friedrich der Sanftmütige hatte seine Geburt noch erlebt. Die Geschichte verlieh ihm den ehrenden Namen Friedrich der Weise. Später wurde er Kurfürst, baute Wittenberg zu seinem Hauptort aus und beschützte den Reformator Martin Luther. Sein Bruder Johann der Beständige trat nach Friedrichs Tod 1525 die Nachfolge an und überlebte ihn um sieben Jahre.

Zwei Söhne von Kurfürst Ernst schlugen die geistliche Laufbahn ein und zeigten, daß die Wettiner auch verstanden, über kirchliche Territorien und Ämter ihre Macht auszudehnen. Der gleichnamige Sohn Ernst wurde mit 10 Jahren 1476 zum Erzbischof von Magdeburg berufen, hielt sich später oft bei seinem Bruder in Wittenberg auf und starb 1513. Der Sohn Albrecht übernahm 1482 das Amt des Erzbischofs von Mainz, erhielt aber nicht mehr die Bischofsweihe, da er nur noch bis 1484 lebte und lediglich 20 Jahre alt wurde.

Kurfürst Ernst starb am 26. August 1486 zu Colditz im Alter von nur 45 Jahren, genau am ersten Jahrestag der Leipziger Teilung. Ein Sturz vom Pferde hatte seinen frühen Tod beschleunigt. Das Begräbnis fand im Dom zu Meißen, der damaligen Grablege der Wettiner, statt, obwohl die Stadt nicht mehr zu seinem Territorium gehörte.

Herzog Albrecht der Beherzte hatte Sidonie (Zedena) geheiratet, die Tochter des böhmischen Königs Georg Podiebrad. Sie überlebte ihren Gemahl, starb 1510 zu Tharandt und wurde ebenfalls im Meißner Dom bestattet.

Als Albrecht 1500 starb, trat sein Sohn Georg der Bärtige die Nachfolge an. Offenbar verdankte er seinen Namen dem Großvater mütterlicherseits Georg Podiebrad, der vom Papst als Ketzer gebrandmarkt worden war. Das hinderte den Enkel nicht daran, ein erbitterter Gegner der Lutherschen Reformation zu werden und das albertinische Sachsen zu einer katholischen Bastion zu machen. Erst sein Tod 1539 und der Übergang auf den Bruder Heinrich machte den Weg für die konfessionelle Angleichung an die ernestinischen Lande frei. Dieser wurde dafür mit dem Namen Heinrich >der Fromme< belohnt.

Friedrich, der dritte Sohn Albrechts des Beherzten, schien abgefunden, als er 1498 zum Hochmeister des Deutschen Ordens avancierte. Er starb 1510 und war der einzige Wettiner, der dieses Amt erlangte.

Erzbischof bzw. Administrator Albert (Adalbert) von Mainz (gest. 1482), Grabplatte im Dom zu Mainz

Nach dem Tode des Vaters 1464 hatten sich beide Brüder über eine gemeinsame Verwaltung der wettinischen Länder verständigt. Klar war, daß Ernst das Kurfürstentum um Wittenberg erhalten würde, weil er der ältere war. Vorerst bevorzugten sie als Aufenthaltsort Meißen. Als 1471 mit dem Bau der Meißner Albrechtsburg begonnen wurde, trat Dresden an die erste Stelle. Später favorisierte Ernst Altenburg oder Leipzig, Albrecht residierte zu Dresden oder Torgau.

11. 3. Die Leipziger Teilung von 1485

Im Laufe der Zeit liefen ihre Interessen auseinander, und jeder war an einem eigenen Landesteil interessiert. Die gegenseitige Reserviertheit trat 1480 deutlich hervor, als Kurfürst Ernst zum Papst nach Rom reiste. Wahrscheinlich wollte er sich für die geistliche Laufbahn seiner beiden Söhne Ernst und Albrecht einsetzen. Papst Sixtus IV. schenkte ihm eine geweihte goldene Rose. Die Regentschaft über die wettinischen Ämter, die von ihm gewöhnlich beaufsichtigt wurden, überließ Ernst nicht dem Bruder Albrecht, sondern beauftragte damit seine Vögte.

In der Folge wurde ausgiebig verhandelt. Am 4. Juli 1484 verständigte man sich zu Leipzig grundsätzlich auf eine Teilung. Am 17. Juni 1485 wurde wiederum zu Leipzig beschlossen, daß Ernst die beiden Teile zusammenstellen und Albrecht seinen Anteil auswählen sollte. Am 26. August 1485 wurde dann der Hauptvertrag zu Leipzig abgeschlossen, der als >Leipziger Teilung< in die Geschichte einging. Zweifelhafte Punkte versuchte man durch den Naumburger Schied vom 25. Juni 1486 und den Oschatzer Vertrag vom 15. Februar 1491 auszuräumen.

Aus der Leiziger Teilung gingen zwei unterschiedliche Territorialeinheiten hervor. Die Einkünfte aus dem Bergbau blieben allerdings den beiden Linien gemeinsam. Auch der Kurkreis unterlag nicht der Aufspaltung, sondern blieb unbestritten bei Kurfürst Ernst. Dazu erhielt er

Belehnung der Herzöge Ernst und Albrecht 1465, Fresko von Alfred Diethe in der Albrechtsburg zu Meißen

den größten Teil Thüringens mit der angrenzenden Pflege Coburg und dem Vogtland. Ein Mittelstreifen durch das Pleißen- und das Osterland mit Altenburg und Grimma verband den kursächsischen mit dem thüringischen Landkomplex.

Das Kerngebiet der Albertiner stellte dagegen die Mark Meißen mit den Zentren Dresden und Meißen dar. Eingeschlossen waren der Hauptteil des Erzgebirges und Chemnitz. Ihnen gehörte ein zweiter Gebietskomplex, der sich aus nordthüringischen und westpleißischen Ämtern zusammensetzte.

Stark vergröbernd kann man die Leipziger Teilung von 1485 folgendermaßen beschreiben: Die Ernestiner erhielten Thüringen und die Albertiner die Mark Meißen. Oster- und Pleißenland wurden aufgeteilt und beendeten ihre politische Existenz.

Die Leipziger Teilung markiert in mehrfacher Hinsicht einen wichtigen zeitlichen Einschnitt. Die vormaligen Landesteilungen der Wettiner hatten bisher erneute Vereinigungen aller Lande nicht ausgeschlossen. Doch die Zusammenlegung zwischen 1482 und 1485 sollte die letzte bleiben; die Spaltung in Ernestiner und Albertiner erlangte Dauerhaftigkeit.

Andererseits korrespondierte das Jahr 1485 mit dem Epochewechsel vom Mittelalter zur Neuzeit. Zunehmende soziale Auseinandersetzungen, Umschichtungen in der Gesellschaft, geographische Entdeckungen, technische Verbesserungen besonders im Bergbau, Humanismus und Reformation kennzeichneten diesen Umschwung in der europäischen und insbesondere in der deutschen Geschichte.

Die zukünftige Herrschaft der Wettiner verlief somit in einem völlig anderen Umfeld. Es ist deshalb berechtigt, die Darstellung an dieser Stelle abzubrechen. Nur ein kurzgefaßter Ausblick soll noch folgen.

12. Ausblick

Das ernestinische Sachsen wurde zur Wiege der Reformation, die mit den Ablaßthesen Luthers vom 31. Oktober 1517 eingeleitet wurde. Im westthüringischen Raum kulminierte im Frühjahr 1525 der deutsche Bauernkrieg, der mit der Niederlage der Aufständischen endete. Hier wirkte der Revolutionär und Theologe Thomas Müntzer.

12. 1. Reformationszeit und Universitätswesen

Daß der Beginn der Reformation im Gebiet der Wettiner lag, war sicherlich ein Zufall und von Luther nicht gewollt oder vorhergesehen. Daß sich die Reformation jedoch entwickeln und ausbreiten konnte, hatte sehr wohl mit dem Zustand des Landes zu tun.

Durch technische Verbesserungen und Erschließung weiterer Silberschächte im Erzgebirge um 1470 stiegen die finanziellen Möglichkeiten der Region. Davon zeugen die mehrheitlich zwischen 1490 und 1520 entstandenen obersächsischen Hallenkirchen: Leipzig – Thomaskirche 1482–1496, Freiberg – Dom 1487–1512, Wittenberg – Schloßkirche 1490–1507, Annaberg – Annenkirche 1499–1525, Pirna – Marienkirche 1502–1544, Zwickau – Dom 1506–1537, Chemnitz – Schloßkirche 1514–1526, Schneeberg – Wolfgangskirche 1515–1540 und Halle – Marktkirche Unser Lieben Frauen 1530–1554.

Die Wettiner besaßen, gemessen an der damaligen Zersplitterung, immer noch ein bedeutendes Territorium, an dem selbst die kaiserliche Autorität nicht vorbeigehen konnte. Schließlich regierte mit Friedrich dem Weisen ein

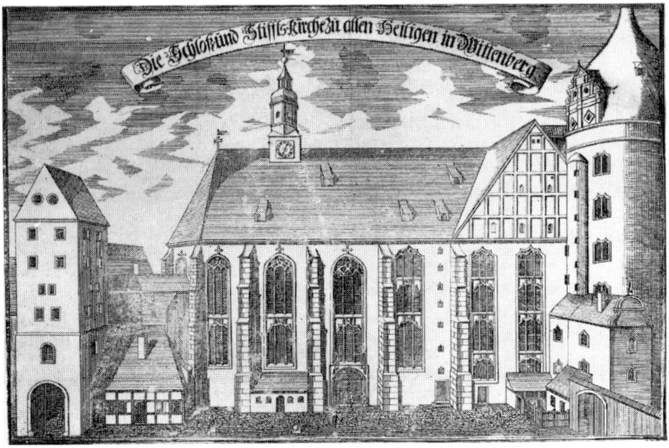

Schloßkirche mit Thesentür zu Wittenberg, Kupferstich von J. G. Schreiber, 1717

fähiger Landesherr, der seinen Einfluß zu gebrauchen und seine Eigenständigkeit zu bewahren wußte. Andererseits überschätzte er seine Möglichkeiten nicht und lehnte z. B. 1519 die greifbare Wahl zum deutschen König ab.

Als die Albertiner 1539 zum Luthertum übertraten, war die konfessionelle Einheit der wettinischen Territorien wiederhergestellt. Im Schmalkaldischen Krieg 1546/47 fochten sie jedoch in verschiedenen Lagern. Der Albertiner Moritz von Sachsen hatte sich auf die kaiserliche Seite geschlagen und profitierte von der Niederlage der protestantischen Fürsten in der Schlacht bei Mühlberg 1547. Er erhielt den Kurkreis um Wittenberg sowie die Kurwürde. Damit verschob sich der Machtschwerpunkt auf die Albertiner. Über die nächsten Jahrhunderte blieben sie gegenüber den Ernestinern deutlich überlegen.

Friedrich der Weise, Johann der Beständige und Johann Friedrich der Großmütige, Fürstenzug zu Dresden, Wilhelm Adolf Walther, Porzellankacheln, 1872–1876

Der Ernestiner Johann Friedrich geriet 1547 in Gefangenschaft und kam erst nach mehreren Jahren wieder frei. Er mußte auf den Kurkreis verzichten und seine Hauptresidenz nach Weimar verlegen. Bevor er 1554 starb, konnte er noch den Grundstock für die Universität Jena erstellen. Deshalb gilt er als der Begründer dieser thüringischen Universität, weshalb auch sein Denkmal auf dem Marktplatz der Stadt steht. Die Errichtung der Jenaer Hohen Schule hatte sich notwendig gemacht, weil Johann Friedrich mit dem Kurkreis auch die Wittenberger Universität eingebüßt hatte. Eine eigene Ausbildungsstätte war inzwischen unabdingbar geworden, um den landeseigenen Kirchen- und Staatsdienst mit qualifizierten Männern zu versorgen.

Übrigens hatten die Ernestiner aus ähnlichen Beweggründen 1502 die Wittenberger Universität gestiftet, weil sie durch die Leipziger Teilung von der Leipziger Universität abgeschnitten worden waren. Die Universität in der Stadt Luthers entwickelte sich im 16. und Anfang des 17. Jahrhunderts zu einer der bedeutendsten europäischen Bildungseinrichtungen, erlebte danach aber einen deutlichen Rückgang. Nachdem Wittenberg Preußen zugeschlagen war, wurde sie 1816/17 faktisch beseitigt, auch wenn der Vorgang als Vereinigung mit der Halleschen Alma Mater deklariert wurde.

Hierin wiederum ähnelte sie der Erfurter Universität. Diese war als erste auf thüringischem Boden 1392 gegründet und nach der Übernahme durch die Preußen 1816 aufgelöst worden.

12. 2. Die Albertiner und Sachsen

Nach dem Erwerb der Kurwürde blieb das albertinische Sachsen ein politisch bedeutsames Territorium. Es konnte sich nicht zuletzt in dieser Stellung halten, weil die Albertiner ihr Land nicht mehr teilten. Seinen Höhepunkt erlebte es in der 1. Hälfte des 18. Jahrhunderts. Der Kurfürst Friedrich August I. (August der Starke) bestieg 1697 als August II. den Thron des polnischen Königs. Aus diesem Grunde trat er zum katholischen Glauben über, und im Mutterland der Reformation herrschte seitdem eine Dynastie mit einer fremden Konfession. Sein Nachfolger konnte zwar ebenfalls die polnische Krone mit dem sächsischen Kurfürstentum verbinden und die höfische Kunst weiterhin fördern. Machtpolitisch blieb sein Kernland jedoch hinter dem aufstrebenden Preußen zurück.

Nach dem Fall des alten deutschen Reiches stellte sich Sachsen auf die Seite Napoleons und wurde dafür 1806 zum Königreich erhoben. Der neuernannte König blieb bis zur Leipziger Völkerschlacht von 1813 auf seiten des französischen Kaisers. Daraufhin verlor Sachsen fast zwei Drittel seines Territoriums und die knappe Hälfte seiner Bevölkerung. Der nördliche Teil ging an das siegreiche Preußen, das aus ehemaligen Gebieten des Erzbistums Magdeburg und Sachsens eine preußische >Provinz Sachsen< errichtete. Das weiterhin selbständige Königreich Sachsen schmolz im wesentlichen auf die jetzigen Ausmaße. Nach 1945 kamen nur einige Landgewinne aus dem nördlichen Grenzraum wieder hinzu.

Auch nach der Reichseinigung von 1871 blieb das Königreich innerhalb des Gesamtreiches bestehen. In der Novemberrevolution 1918 mußte auch der König Friedrich August III. abtreten, und Sachsen nannte sich nun Freistaat. Nach der Niederschlagung des Faschismus existierte es als Land der Sowjetischen Besatzungszone bzw. der DDR weiter. Mit dem Übergang zu einem zentralistischen Staatsaufbau wurden 1952 die Länder beseitigt und kleinere Verwaltungseinheiten geschaffen. Sachsen wurde im wesentlichen in die drei Bezirke Leipzig, Dresden und Karl-Marx-Stadt (Chemnitz) gegliedert, wobei einige Gebietskorrekturen vorgenommen wurden (z. B. Altenburg und Torgau zum Bezirk Leipzig). Auf der Grundlage dieser Bezirksgrenzen, einige Korrekturen eingeschlossen, entstand Sachsen 1990 neu, nunmehr als Bundesland (Freistaat) innerhalb der Bundesrepublik Deutschland.

In den beiden letzten Jahrhunderten war Sachsen mehrfach der Schauplatz von Erhebungen und revolutionären Aktionen: beim sächsischen Bauernaufstand 1790, während der revolutionären Krise 1830/31, in der bürgerlich-demokratischen Revolution 1848/49 mit dem Dresdner Maiaufstand 1849, in der Novemberrevolution 1918 und der anschließenden revolutionären Nachkriegskrise bis 1923, schließlich beim unblutigen Umschwung 1989/90.

12. 3. Die Ernestiner und Thüringen

Eine gänzlich andere Entwicklung nahm das Land der Ernestiner. Thüringen gehörte über Jahrhunderte zu den typischen Landschaften der deutschen Kleinstaaterei. Johann Friedrich der Großmütige hatte zwar den Kurkreis um Wittenberg verloren, hielt aber wenigstens die thüringischen Besitzungen zusammen. Nach seinem Tode 1554 regierten seine Söhne zwar noch zehn Jahre gemeinsam, doch dann begann eine Kette von Teilungen, die das wettinische Territorium zersplitterten.

Die beiden wichtigsten thüringisch-ernestinischen Staaten waren Sachsen-Weimar und Sachsen-Gotha. In den Staatsbezeichnungen tauchte der Name >Thüringen< nicht mehr auf, sondern wurde durch >Sachsen< ersetzt, obwohl die Gebiete geographisch nicht in Sachsen lagen. Über einen längeren Zeitraum existierten Sachsen-Eisenach, Sachsen-Meiningen und Sachsen-Hildburghausen. Weitere Residenzstädte mit zeitweiligen und mehr oder weniger selbständigen Ländern bestanden in Marksuhl, Jena, Altenburg, Saalfeld, Coburg, Römhild und Eisenberg. Kleinstaaten entstanden und verschwanden wieder. Wenn eine Linie ausstarb, fielen manche Territorien zusammen. Die beiden wichtigsten Hergänge waren wohl der Erbfall Eisenachs an Weimar im Jahre 1741 zu Sachsen-Weimar-Eisenach und Gothas an Coburg 1826 zu Sachsen-Coburg-Gotha.

Damit sind die Ausmaße der Zersplitterung Thüringens bei weitem nicht vollständig beschrieben. Der albertinische Gebietsstreifen in Nordthüringen wurde zeitweilig unter drei Seitenlinien verteilt, die ihre Hauptsitze in Weißenfels, Merseburg und Zeitz hatten. Die Schwarzburger Grafen konnten ihre Selbständigkeit ausbauen und Ende des 17. Jahrhunderts in den Reichsfürstenstand aufsteigen. Neben weiteren Aufspaltungen waren sie hauptsächlich in Schwarzburg-Rudolstadt und Schwarzburg-Sondershausen getrennt. Auch die Reußen, die Nachfolger der Vögte von Plauen, konnten sich von der Vorherrschaft der Wettiner freimachen. Ihre Gebiete, in mehrere Linien zergliedert, befanden sich um Gera sowie um Greiz-Schleiz-Lobenstein.

Die Stadt Erfurt gehörte mit ihrem Umland weiterhin zum Kurfürstentum Mainz und wurde 1802 von Preußen besetzt. Auch andere thüringische Gebiete brachte Preußen im Laufe des 19. Jahrhunderts an sich. Die beiden Reichsstätte Mühlhausen und Nordhausen, das Eichsfeld und weitere Exklaven wurden ebenfalls 1802 vereinnahmt. Aus der Erbmasse des hennebergischen Besitzes kam der Landstrich um Schmalkalden an Hessen-Kassel. Als die Preußen 1866 das Kurfürstentum Hessen eroberten, kassierten sie auch Schmalkalden ein.

Die starke Zersplitterung Thüringens wirkte sich nicht nur negativ aus. Zweifellos hemmten die vielen Grenzen und die geringe Finanzkraft eine wirtschaftliche Fortentwicklung. Doch die bescheideneren Möglichkeiten ließen auch geringeren Spielraum, in militärisches Abenteurertum zu verfallen. Eine Reihe von ernestinischen Landesherren förderten vielmehr Kunst und Kultur. Da wäre Carl August zu nennen, der Freund und Förderer Goethes. Sein Enkel Carl Alexander unterstützte engagiert die Restaurierung der Wartburg. Georg II. von Sachsen-Meiningen machte sich um die Entwicklung des Theaterwesens verdient und ging als >Theaterherzog< in die Geschichte ein.

Die Vielzahl von Residenzorten und Hofhaltungen zog gerade im Zeitalter absolutistischer Prunkentfaltung den Bau zahlreicher Schlösser und Burgen nach sich. Thüringen gedieh zu einer der dichtesten Kulturlandschaften Deutschlands.

Im Gefolge der Novemberrevolution von 1918 und der Absetzung der Fürsten wurde die extreme Kleinstaaterei beseitigt. Am 1. Mai 1920 entstand das Land Thüringen.

Seitdem die Deutschen einen Staat gebildet hatten, verfügten die thüringischen Gebiete über einen derart umfassenden Zusammenschluß wie nie zuvor.

Coburg, das sich Bayern anschloß, war ausgeschieden. Die nun vorhandenen Landesgrenzen Thüringens zu Bayern und Hessen wurden im September 1944 durch die Alliierten der Anti-Hitler-Koalition zugrunde gelegt, um die Zonengrenzen zu markieren. Sie wuchsen 1949 zu Staatsgrenzen zwischen der BRD und der DDR aus.

Nachdem der preußische Regierungsbezirk Erfurt bereits am 1. Juli 1944 dem Reichsstatthalter von Thüringen unterstellt worden war, erfolgte im Juni 1945 die tatsächliche Eingliederung in das Land Thüringen. Damit war die Vereinigung aller thüringischen Territorien abgeschlossen.

Wie die anderen Länder der DDR wurde Thüringen 1952 in Bezirke gegliedert. So entstanden die Bezirke Erfurt, Gera und Suhl, die nicht genau deckungsgleich der Landesfläche waren. Vor allem wurde Altenburg dem Bezirk Leipzig angeschlossen. Thüringen wurde 1990 durch Zusammenlegung der drei Bezirke, bei kleinen Abänderungen, erneut gebildet, nachdem die DDR der BRD beigetreten war.

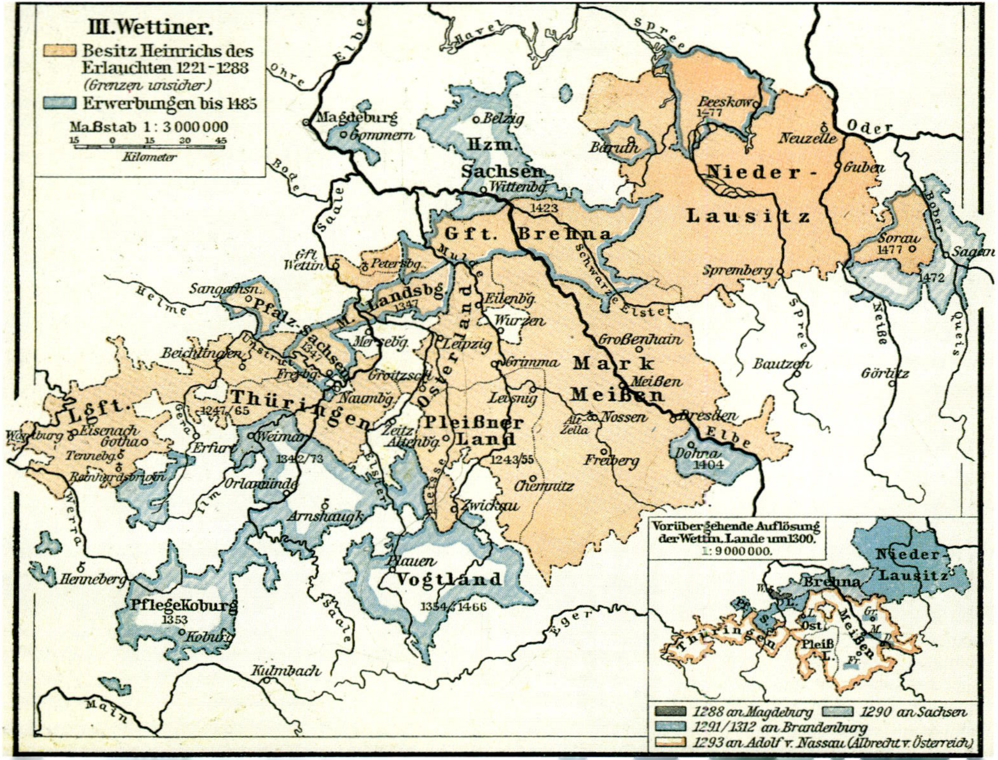

Die Territorien der Wettiner vom 13. bis 15. Jahrhundert (F. W. Putzgers >Historischer Schulatlas< 1904, mit freundlicher Genehmigung des Cornelsen Verlags GmbH & Co.)

PERSONALIEN ZU DEN WETTINERN

Abkürzungen

begr. – begraben in
Bf. – Bischof
Bggr. – Burggraf
Ebf. – Erzbischof
geb. – geboren
Gem. – Gemahl, Gemahlin
gest. – gestorben
Gr. – Graf
Hz. – Herzog
Kf. – Kurfürst
Kg. – König
Kl. – Kloster
Lgr. – Landgraf
Mkgr. – Markgraf
Pfgr. – Pfalzgraf
T. – Tochter
verm. – vermählt

Die Wettiner vor Erwerb der Landgrafschaft Thüringen sowie die Brehnaer Linie

Generation A

(1) Dedo I., gest. (erschlagen) 13. Nov. 1009 zu Zörbig.-Gem. Thietburg, T. Dietrichs des Mgr. der Nordmark (gest. 985), verm. vor 19. Dez. 985. – Söhne: (2) und (3)

Generation B

(2) und (3) – die Söhne Dedos I. (1)

(2) Friedrich, Gr. von Eilenburg, gest. 5. Jan. 1017 zu Eilenburg. – Töchter: (4) bis (6)

(3) Dietrich II., von Wettin, Mgr. der Ostmark 1031–1034, gest. (ermordet) 19. Nov. 1034. – Gem. Mathilde, T. des Mkgr. Eckard I. von Meißen. – Kinder: (7) bis (13)

Generation C

(4) bis (6) – die Töchter Friedrichs (2)

(4) Oda. – Gem. Schenk Albrecht von Tautenberg, verm. 1017 (?)

(5) Hilda. – Gem. Gr. zu Naumburg, Wettin und Seußlitz (?)

(6) Hidda

(7) bis (13) – die Kinder Dietrichs II. (3)

(7) Friedrich, Bf. von Münster 1063, gest. 18. April 1085 zu Münster

(8) Dedo II., gest. Oktober 1075. – Gem. 1. Oda, T. des Mkgr. Thietmar II. von der Lausitz, Witwe des Gr. Wilhelm III. von Weimar (gest. 16. April 1039), verm. um 1039, gest. vor 1069; 2. Adela, T. des Gr. Lambert von Löwen, Witwe des Mkgr. Otto von Meißen (gest. 1067), verm. um 1068, gest. 1083. – Kinder: (aus 1. Ehe) – (14) bis (16); (aus 2. Ehe) – (17) und (18)

(9) Thimo, gest. 9. März (1091 ?) in Naumburg [als >Thimo von Kistritz< unter Stifterfiguren im Naumburger Dom]. – Gem. Ida, T. Ottos von Northeim, Hz. von Bayern. – Sohn: (19)

(10) Gero, Gr. von Brehna, gest. vor 1089. – Gem. Bertha Witwe Poppos von Wippra, gest. 17. Sept. vor 1089. – [Bertha unter Stifterfiguren im Naumburger Dom]

(11) Konrad, begr. im Kloster St. Georg zu Naumburg [Stifterfigur im Naumburger Dom]. – Gem. Othehildis, T. Dietrichs I. von Katlenburg. – Tochter: (25)

(12) Rikdag (starb kinderlos)

(13) Hidda. – Gem. Hz. Spitinjew II., Hz. von Böhmen, geb. 1031, gest. 28. Jan. 1061. – Kinder: (26) und (27)

Generation D

(14) bis (16) Kinder Dedos II. (8) und der Oda

(14) Dedo III., gest. (jung ermordet) vor 26. Okt. 1069

(15) Adelheid, gest. 1071. – Gem. Ernst, Mgr. von Österreich, geb. um 1020, gest. 9. Juni 1075. – Sohn: (28)

(16) Agnes. – Gem. Friedrich, Pfgr. von Sachsen

(17) bis (19) Kinder Dedos II. (8) und der Adela

(17) Heinrich I., Gr. von Eilenburg, Mgr. von Lausitz und Meißen, geb. um 1070, erhielt 1089 als erster Wettiner die Markgrafschaft Meißen, gest. 1103. – Gem. Gertrud, T. des Mkgr. Eckbert I. von Meißen, (Witwe 1. Dietrichs von Katlenburg, gest. 1085; 2. Heinrichs des

Fetten von Northeim, gest. 1101), verm. wohl 1102, gest. 9. Dez. 1117. – Sohn: (29)

(18) Konrad

(19) [? Thimo d. J., *S. Thimos (9),* Mgr. von Meißen, geb. 1103 od. 1104, gest. 1118. – Gem. Ida, T. Ottos von Northeim]. – Kinder: (30) bis (32)

(20) bis (24) – Kinder Geros v. Brehna (10)

(20) Dietrich, gest. vor 1116. – Gem. Gerburg (?) [Dietrich und Gerburg unter Stifterfiguren im Naumburger Dom]

(21) Wilhelm, gest. 1116, begr. Naumburg [als >Wilhelm von Camburg< unter Stifterfiguren im Naumburger Dom]. – Gem. Geva von Seeburg, begr. Naumburg. – Tochter: (33)

(22) Günther, Bf. von Naumburg 1079, gest. 1. April 1089

(23) Willa, Äbtissin von Gerbstedt

(24) Thietburg, Pröpstin von Gernrode

(25) Bertrada, *T. Konrads (11),* gest. 1145. – Gem. Gr. Beringer von Sangerhausen, gest. vor 1111

(26) und (27) – Kinder von Hidda (13) und Spitinjew

(26) Swatobor (oder Günther), als >Friedrich< Patriarch von Aquileia 1084–1185

(**27**) T., Mutter des Wichmann von Cella

Generation E

(28) Leopold der Schöne, *S. von Adelheid (15) und Ernst, Mgr. von Österreich*

(29) Heinrich II., *S. von Heinrich I. (17) und der Gertrud,* Gr. von Eilenburg, geb. 1103 oder 1104, gest. 1123

(30) bis (32) – Kinder Thimos (9) oder Thimos (19)

(30) **Dedo IV.,** gest. 16. Dez. 1124 auf Rückreise von Palästina. – Gem. Berta, T. Wiprechts von Groitzsch, gest. 16. Mai 1144. – Tochter (34)

(31) Konrad I., der Große, Mgr. von Meißen (ab 1127) und der Niederlausitz (ab 1136), resigniert 1156, gest. 5. Febr. 1157 im Kloster Petersberg. – Gem. Luitgart, T. des schwäbischen Grafen Albrecht, verm. bis 1119, gest. 19. Juni 1143 im Kloster Gerbstedt, begr. Kloster Petersberg. – Kinder: (37) bis (48)

(32) Mathilde, gest. 1125. – Gem. 1. Gero, Gr. von Seeburg, geb. 12. Juli 1097, verm. um 1115, gest. 19. Sept. 1122, begr. Kloster Kaltenborn; 2. Ludwig, Gr. von Wippra, gest. 1151. – Söhne: (35) und (36)

(33) Bertha, *T. Wilhelms (21) ?,* geb. um 1075, gest. um 1150. – Gem. Wichmann, Gr. von Seeburg, geb. vor 1067, verm. 1090, gest. um 1115

Generation F

(34) Mathilde, *T. Dedos V. (30) und der Bertha.* – Gem. Rapoto, Gr. von Abenberg, gest. 22. Mai 1173 (?)

(35) und (36) – Söhne Mathildes (32) und des Gero von Seeburg

(35) Wichmann, Erzbischof von Magdeburg, geb. 1115/16, gest. 25. Okt. 1192 zu Cönnern

(36) Konrad

(38) bis (48) – Kinder Konrads I. (31)

(37) Heinrich (jung gest.)

(38) Otto der Reiche, Mgr. von Meißen 1156, geb. 1115 (?), gest. 18. Febr. 1190, begr. Altzella. – Gem. Hedwig, T. Albrechts des Bären von Brandenburg, gest. Ende März 1203, begr. Altzella. – Kinder: (49) bis (52)

(39) Oda, Äbtissin zu Gerbstedt 1137

(40) Bertha, Äbtissin zu Gerbsted 1190

(41) Dietrich III., Mgr. der Niederlausitz 1156, geb. vor 27. Febr. 1142, gest. 13. Febr. 1185, begr. Kloster Petersberg. – Gem. 1. Dobergana (Lucardis), T. Kg. Boleslaws III. von Polen, verm. vor 26. Okt. 1147; 2. Kunigunde, Witwe des Gr. Bernhard von Plötzkau, verm. nach 26. Okt. 1147. – Kinder: (53) bis (55)

(42) Gertrud

(43) Adele. – Gem. 1. Sven V., Kg. von Dänemark, verm. 1152 (?), gest. 23. Okt. 1181; 2. Adalbert, Gr. von Ballenstedt, gest. um 1173

(44) Heinrich I., Gr. von Wettin 1156, geb. vor 27. Febr. 1142, gest. 30. Aug. 1181. – Sophia, T. des sächsischen Pfgr. Friedrich von Sommerschenburg, verm. um 1182, (späterer Gem. Lgr. Hermann I. von Thüringen, verm. wohl 1182, gest. 25. April 1217 zu Gotha), gest. 1189/90, begr. Reinhardsbrunn. – Kinder: (56) bis (59)

(45) Dedo V., der Fette, Gr. von Groitzsch 1156, Mgr. der Niederlausitz 1190, geb. vor 27. Febr. 1142, gest. 16. August 1190, begr. Wechselburg. – Gem. Mathilde, T. der Grafen Goswin von Heinsberg, verm. lange vor 13. Sept. 1159, gest. 20. Jan. 1190. – Kinder: (60) bis (65)

(46) Sophia, begr. Quedlinburg. – Gem. Gebhard, Gr. in Bayern

(47) Agnes, Äbtissin von Quedlinburg 1184, gest. 21. Jan. 1203

(48) Friedrich I., Gr. von Brehna 1156, geb. zwischen 1142 und 1145, gest. 4. Jan. 1182. – Gem. Hedwig, T. Theobalds I. von Böhmen, gest. 19. Febr. 1211, begr. Brehna. – Kinder: (66) bis (68)

Generation G

(49) bis (52) – Kinder Ottos von Meißen (38) und der Hedwig von Brandenburg

(49) Albert I., der Stolze, Mgr. von Meißen 1190, gest. 21. Juni 1195 in Krummhennersdorf, begr. Altzella. – Gem. Sophia, T. Hz. Friedrichs von Böhmen, verm. Aussig (Ústi n. L.) 23. April 1186, gest. 25. März 1195

(50) Dietrich I., der Bedrängte, Mgr. von Meißen 1195, Mgr. von Landsberg und der Niederlausitz 1210, gest. 17. Febr. 1221, begr. Altzella. – Gem. Jutta, T. Lgr. Hermanns I. von Thüringen, verm. vor 1197 (späterer Gem. Gr. Poppo VII. von Henneberg, verm. 3. Jan. 1223 zu Leipzig, gest. 21. Mai 1245), gest. 6. Aug. 1235 in Schleusingen, begr. Kloster Veßra. – Kinder: (70) bis (74)

(51) Sophia. – Gem. 1. Ulrich II. von Böhmen (frühere Gem. Cäcilie, T. Lgr. Ludwigs I. von Thüringen, gest. 11. Nov. 1177), gest. vor 1179; 2. Bgr. (Friedrich ?) von Regensburg

(52) Adela, verm. zwischen 1179 und 1181, verstoßen 1198 (?), gest. 1. Febr. 1211 in Meißen. – Gem. Ottokar von Böhmen (spätere Gem. Constanze von Ungarn), gest. 15. Dez. 1230

(53) bis (55) – Kinder Dietrichs III. (41) und der Dobergana

(53) Konrad, geb. vor 30. April 1161, gest. 17. Nov. 1175 im Turnier, begr. 17. Jan. 1176 im Kloster Petersberg

(54) Gertrud, Nonne zu Gerbstedt

(55) Dietrich, *S. Dietrichs III. (41) und der Kunigunde,* Bf. von Merseburg 1204, geb. nach 26. Okt. 1147, gest.

12. oder 14. Okt. 1215

(56) bis (59) – Kinder Heinrichs I. von Wettin (44) und der Sophia

(56) Heinrich II., Gr. von Wettin 1181, gest. 28. Dez. 1187 auf Burg Giebichenstein, begr. Kloster Petersberg

(57) Konrad (jung gestorben)

(58) Ulrich, Gr. von Wettin 1187, gest. 28. September 1206 zu Wettin. – Gem. 1. T. des Gr. Hermann II. von Winzenburg, verm. nach 1184 (früherer Gem. Gr. Heinrich von Schwarzburg, gest. 26. Juli 1184); 2. Hedwig, T. des Hz. Bernhard v. Sachsen, verm. spätestens 1204. – Sohn: (78)

(59) Sophia. – Gem. Burchard IV., Bggr. von Magdeburg, gest. gegen Juni 1190 in Antiochia

(60) bis (65) – Kinder Dedos V. (45) und der Mathilde von Heinsberg

(60) Dietrich, Gr. von Sommerschenburg und Groitzsch, gest. 13. Juni 1207 auf Reise nach Würzburg. – Gem. Jutta, T. des Lgr. Ludwig III. von Thüringen, gest. nach 6. Sept. 1208, begr. wohl Wechselburg. – Töchter: (79) und (80)

(61) Philipp, Probst von Xanten 1182–1185, geb. vor 1160, gest. vor 1190 (?), begr. Wechselburg

(62) Konrad II., Mgr. der Niederlausitz 1190, geb. nach 13. Sept. 1159, gest. 6. Mai 1210, begr. Wechselburg. – Gem. Elisabeth von Kalisch (frühere Gem. Sobislaws II. von Böhmen), verm. nach 20. Jan. 1180, gest. 2. April 1209, begr. Doberlug. – Kinder: (81) bis (83)

(63) Heinrich (jung gestorben)

(64) Goswin (jung gestorben)

(65) Agnes, gest. 24. oder 26. März 1195. – Gem. Bertold IV., Hz. von Andechs-Meran, geb. 1138, gest. 12. August 1204. – Kinder (88) bis (91)

(66) bis (68) – Kinder Friedrichs I. von Brehna (48)

(66) Otto I., Gr. von Brehna 1182, gest. 23. Dez. 1203, begr. Brehna

(67) Friedrich II., Gr. von Brehna 1203, erbt 1217 Wettin, gest. 16. Okt. 1221 vor Akkon. – Gem. Judith, T. des Gr. Friedrich von Ziegenhain, verm. 1181, gest. 6. Okt. 1220. – Kinder: (84) bis (87)

(68) Sophia, Äbtissin von Quedlinburg 1203, gest. nach 1225

Generation H

(69) Christina, *T. Alberts I. (49) und der Sophia,* gest. nach 1250. – Gem. Hartmann von Lobdaburg-Burgau, verm. vor 1216

(70) bis (77) – Kinder Dietrichs des Bedrängten (50)

(70) Hedwig, gest. vor 1249, begr. Kloster Bedburg. – Gem. Dietrich V. von Cleve (frühere Gem. Mathilde von Dinslaken), gest. 1260

(71) Otto, gest. spätestens 9. Aug. 1214

(72) Sophia, gest. 17. März 1280. – Gem. Heinrich III. (VIII.), Gr. von Henneberg, gest. 3. April 1262

(73) Konrad, *illegitimer S.,* Mönch in Erfurt

(74) [? Jutta]

(75) Heinrich I., der Erlauchte, Mkgr. von Meißen 1221, Lgr. von Thüringen 1247, geb. 1215/16 od. 1218, gest. 1288 (vor 8. Febr.) zu Dresden, begr. Altzella bei Nossen. – Gem. 1. Konstanze, T. Hz. Leopolds von Österreich, geb. 1212, verm. 1. Mai 1234, gest. vor 5. Juni 1243; 2. Agnes, T. des Kg. Ottokar I. Przemysl von Böhmen, verm. 1244/45, gest. 10. Okt. 1268; 3. Elisabeth, T. Ulrichs von Maltitz, geb. 1238/39, verm. zwischen 1269 und 1272, gest. 25. Januar 1333. – Kinder: (aus 1. Ehe) – (104) und (108); (aus 2. Ehe) – (105) und (106); (aus 3. Ehe) – (107) und (109)

(76) Dietrich, *illegitimer S.,* Bf. von Naumburg 1242, gest. 22. Sept. 1272

(77) Heinrich, *illegitimer S.,* Dompropst zu Meißen, gest. 31. Juli 1259

(78) Heinrich III., *S. Ulrichs von Wettin (58) und Hedwigs von Sachsen,* Gr. von Wettin, geb. 1205, gest. 25. März 1217

(79) und (80) – Töchter Dietrichs von Sommerschenburg (60) und der Jutta

(79) Mathilde, verm. spätestens 1215, gest. 1291 (?), begr. Köln. – Gem. Gr. Heinrich II. von Sayn, gest. 1. Jan. 1247

(80) Agnes

(81) und (83) – Töchter Konrads II. (62) und der Elisabeth

(81) Konrad

(82) Mathilde. – Gem. Albert II., Mgr. von Brandenburg, verm. 1205, gest. 25. Febr. 1220, begr. Kloster Lehnin

(83) Agnes, verm. spätestens 1211, gest. 1. Jan. 1248, begr. Kloster Wienhausen. – Gem. Heinrich von Braunschweig, Bruder von Kaiser Otto IV. (frühere Gem. Agnes von der Pfalz, gest. 9. Mai 1204), gest. 1. Jan. 1248, begr. Kloster Wienhausen

(84) bis (87) – Kinder Friedrichs II. von Brehna (67)

(84) Hedwig, geb. wohl vor 1215. – Gem. Heinrich, Gr. von Honstein

(85) Otto II., Gr. von Brehna 1221, geb. wohl vor 1215, gest. vor 22. Juli 1234

(86) Dietrich I., Gr. v. Brehna 1234, geb. wohl vor 1215, gest. zwischen 1266 und 11. Juli 1267. – Gem. Eudoxia, T. Konrads von Masowien. – Kinder: (92) bis (97)

(87) Lucardis, geb. nach 1215, Nonne in Kloster Brehna

(88) bis (91) – Töchter Bertolds IV. von Meran und der Agnes von Groitzsch (65) (nur 4 von 8 Kindern hier aufgeführt, vgl. Tafel 5)

(88) Ekbert, Bf. von Bamberg 1203, gest. 5. Juni 1237, begr. Bamberg

(89) Agnes (vom Gem. verstoßen) gest. 1201. – Gem. Philipp II. August, Kg. von Frankreich 1180, gest. 14. Juli 1223

(90) Gertrud, gest. (ermordet) 28. Nov. 1213. – Gem. Andreas II., Kg. von Ungarn, gest. Nov. 1235. – Tochter: (98)

(91) Hedwig, gest. 14. Okt. 1243 (heiliggesprochen 1267), begr. Trebnitz (Trzebnica). – Gem. Heinrich I., Hz. von Breslau, gest. März 1238, begr. Trebnitz (Trzebnica)

Generation I

(92) bis (97) – Kinder Dietrichs I. von Brehna (86) und der Eudoxia von Masowien

(92) Otto III., Gr. von Wettin, gest. vor 3. Jan. 1292

(93) Konrad I., Gr. von Brehna, gest. vor 26. März 1278. – Gem. Elisabeth, T. Hz. Albrechts I. von Sachsen (früherer Gem. Gr. Johann I. von Holstein, gest. 10. April 1263), gest. nach 1292 und vor 1307, begr. Kloster zu Peetz. – Kinder: (99) bis (103)

(94) Dietrich II., Templer

(95) Heinrich, Franziskanermönch, gest. 1302 zu Breslau

(96) Jutta. – Gem. Hz. Mistwoi aus Pommern

(97) Hedwig, Äbtissin von Gerbstedt

(98) Elisabeth, *T. von Andreas II. und Gertrud von Andechs-Meran (90),* gest. 1231. – Gem. Ludwig von Thüringen, gest. 1227 [vgl. Schwarz, Hilmar: Aufstieg und Fall des ersten thüringischen Landgrafengeschlechts. Die Ludowinger. – (Kleine Schriftenreihe der Wartburg-Stiftung. 6). – Eisenach 1993. – S. 91–95]

Generation J

(99) bis (103) – die Kinder Konrad II. von Brehna (93)

(99) Albrecht, Gr. von Brehna, gest. 1283 od. 1284. – Gem. Elisabeth, T. Albrechts I. von Sachsen

(100) Konrad II., Gr. von Brehna, gest. vor 14. Nov. 1288

(101) Otto IV., Gr. von Brehna 1278, gest. vor 28. Juni 1290 zu Erfurt

(102) Dietrich III., Templer

(103) T., Nonne in Gerbstedt

Die Wettiner vom Erwerb der Landgrafschaft Thüringen (1247) bis zur Leipziger Teilung (1485)

I. Generation: Heinrich der Erlauchte

(75) Heinrich der Erlauchte (s. o.)

II. Generation: Albrecht der Entartete

(104) Albrecht der Entartete, Sohn Heinrichs des Erlauchten (75) und der Konstanze von Österreich, 1265 Lgr. v. Thüringen, geb. 1240, gest. 1314 zu Erfurt, begr. Dom zu Erfurt. – Gem. 1. Margarete, T. des Kaisers Friedrich II., geb. 1237, verm. 1254/55, gest. 8. Aug. 1270 Frankfurt/M., begr. Frankfurt/M.; 2. Kunigunde von Eisenberg, verm. kurz nach 1270, gest. vor 31. Okt. 1286; 3. Elisabeth, T. des Gr. Hermann III. von Orlamünde, Witwe des Otto von Lobdaburg-Arnshaugk (gest. 1289), verm. 1290, gest. nach 24. März 1333. – Kinder: (aus 1. Ehe) – (110) bis (114); (aus 2. Ehe) – (115) und (116)

(105) Hedwig (?), T. Heinrichs des Erlauchten (75) und der Agnes von Böhmen, Nonne (?) zu Weißenfels

(106) Adelheid (?), T. Heinrichs des Erlauchten (75) und der Agnes, Äbtissin (?) zu Weißenfels

(107) Hermann (?), Sohn Heinrichs des Erlauchten (75) und der Elisabeth von Maltitz, begr. Altzella

(108) Dietrich, Sohn Heinrichs des Erlauchten (75) und der Konstanze von Österreich, 1265 Mkgr. von Landsberg, geb. 1242, gest. 8. Febr. 1285, begr. Seußlitz bei Meißen. – Gem. Helene, T. des Mkgr. Johann I. von Brandenburg, geb. 1241/42, verm. 1258, gest. 7. Juni 1304, begr. Weißenfels. – Kinder: (117) bis (119)

(109) Friedrich Clem, Sohn Heinrichs des Erlauchten (75) und der Elisabeth von Maltitz, Mkgr. von Dresden, geb. 1273), gest. 25. April 1316. – Gem. Jutta, T. des Gr. Heinrich V. von Schwarzburg-Blankenburg, verm. um 1305, gest. 10. Mai 1329, begr. Kl. Ilm. – Tochter: Elisabeth

III. Generation: Friedrich der Freidige

(110) bis (114) – die Kinder Albrechts des Entarteten (104) und der Margarete

(110) Heinrich, 1274 Herr des Pleißenlandes, geb. 21. März 1256, gest. 1282/83, begr. Altzella. – Gem. Hedwig, T. des Hz. Heinrich III. von Breslau (späterer Gem. Otto I. von Sachsen-Aschersleben, gest. um 1305), geb. 1252, verm. 1271/72, gest. 1283. – Sohn: (120)

(111) Friedrich der Freidige, 1281 Pfgr. v. Sachsen, 1307 Lgr. von Thüringen, geb. 1257, gest. 16. Nov. 1323 auf der Wartburg, begr. Katharinenkloster zu Eisenach. – Gem. 1. Agnes, T. des Grafen Meinhard IV. von Görz und Tirol, Hz. von Kärnten, verm. 1285/86, gest. 14. Mai 1293, begr. Altzella; 2. Elisabeth, T. des Gr. Otto von Lobdaburg-Arnshaugk, geb. 1286, verm. 21. Aug. 1300, gest. 22. Aug. 1359 zu Gotha, begr. Dominikanerkl. zu Eisenach. – Kinder: (aus 1. Ehe) – (121); (aus 2. Ehe) – (122) und (123)

(112) Diezmann (Dietrich), Mkgr. von Meißen und der (Nieder-)Lausitz, geb. 1260, gest. 10. Dez. 1307 in Leipzig, begr. Paulinerkirche (spätere Universitätskirche) zu Leipzig. – Gem. Jutta, T. des Gr. Berthold VIII. von Henneberg (späterer Gem. Otto IV. von Brandenburg, verm. 1308), verm. um 1295, gest. 25. April 1316

(113) Agnes, geb. vor 1264, gest. nach 1331. – Gem. Heinrich I. von Braunschweig-Grubenhagen, geb. 1267, verm. 1282, gest. 7. oder 8. Sept. 1322

(114) Margareta

(115) und (116) – Kinder von Albrecht dem Entarteten (104) der Kunigunde von Eisenberg

(115) Albrecht (Apitz), 1290 Herrschaft Tenneberg, geb. vor 1270, gest. um 1305, begr. Katharinenkloster Eisenach. – Gem. Elisabeth (?) von Frankenstein, verm. um 1295. – Tochter: (124)

(116) Elisabeth, geb. vor 1270, gest. nach 1325. – Gem. Heinrich von Frankenstein, verm. zwischen 1280 und 1290, gest. nach 1325

(117) bis (119) – Kinder des Dietrich von Landsberg (108) und der Helene von Brandenburg

(117) Sophia, Äbtissin zu Weißenfels, geb. 1258/59, gest. 24. Aug. 1318, begr. Weißenfels. – Gem. Hz. Konrad II. von Glogau, verm. 1271, gest. 1273/74

(118) Friedrich Tuta, Mkgr. von Meißen, geb. 1269, gest. 16. Aug. 1291.

(119) Gertrud, Nonne zu Weißenfels, gest. 18. Jan. 1325, begr. Weißenfels

IV. Generation: Friedrich der Ernsthafte

(120) Friedrich ohne Land, Sohn Heinrichs (110) und der Hedwig, geb. um 1273, gest. nach 1313 in Schlesien

(121) Friedrich der Lahme, Sohn Friedrichs des Freidigen (111) und der Agnes, geb. 9. Mai 1293, gest. 13. Jan. 1315 vor Zwenkau, begr. Altzella. – Gem. Anna, T. des Hz. Albrecht II. von Sachsen (späterer Gem. Hz. Heinrich von Mecklenburg, verm. um 1316), gest. 22. Nov. 1327, begr. Weimar

(122) und (123) – Kinder Friedrichs des Freidigen (111) und der Elisabeth von Arnshaugk

(122) Elisabeth, geb. 1306 auf der Wartburg, gest. 1367. – Gem. Heinrich II., Lgr. von Hessen, geb. um 1299, verm. 1319, geschieden nach 1340, gest. 1367

(123) Friedrich II., der Ernsthafte, Mkgr. von Meißen und Lgr. von Thüringen, geb. 1310, gest. 18. Nov. 1349 auf der Wartburg. – Gem. Mechthild, T. des Kg. Ludwig des Bayern, geb. um 1309, verm. 1328 zu Nürnberg, gest. 2. Juli 1346. – Kinder: (125) bis (132)

(124) Lukardis, Tochter von Apitz (115)

V. Generation: Friedrich der Strenge und Balthasar

(125) bis (132) – die Kinder von Friedrich dem Ernsthaften (123) und der Mechthild von Bayern

(125) Elisabeth, geb. 22. Nov. 1329 auf der Wartburg, gest. 21. April 1375. – Gem. Friedrich V. (Hohenzoller), Bggr. von Nürnberg, geb. vor 1332, verm. 1350, gest. 21. Jan. 1398

(126) Friedrich III., der Strenge, Mkgr. von Meißen und Lgr. von Thüringen, geb. 14. Okt. 1332 zu Dresden, gest. 25. Mai 1381 zu Altenburg. – Gem. Katharina, T. des Gr. Heinrich von Henneberg-Schleusingen, verm. 1346, gest. 15. Juli 1397 zu Meißen. – Kinder: (133) bis (135)

(127) Ludwig, Bf. von Halberstadt, Ebf. von Magdeburg, geb. 25. Febr. 1341auf der Wartburg, gest. 17. Febr. 1382

(128) Balthasar, Lgr. von Thüringen, geb. 21. Dez. 1336 in Weißenfels, gest. 18. Mai 1406 auf der Wartburg. – Gem. 1. Margarete, T. des Bggr. Albrecht von Nürnberg

(Hohenzoller), verm. 22. Juli 1374 zu Nürnberg, gest. um 1390, begr. Reinhardsbrunn; 2. Anna, T. des Kf. Wenzel von Sachsen-Wittenberg, Witwe des Hz. Friedrich von Braunschweig-Lüneburg (gest. 1400), verm. Sangerhausen 14. Juli 1404, gest. nach 1425. – Kinder: (aus 1. Ehe) – (136) und (137)

(129) Wilhelm I., der Einäugige, Mkgr. von Meißen, geb. 19. Dez. 1343 in Dresden, gest. 10. Febr. 1407 in Grimma, begr. Meißen. – Gem. 1. Elisabeth, T. des Johann Heinrich von Böhmen und Mähren, verm. 1366, gest. 20. Nov. 1400, begr. Meißen; 2. Anna, T. des Hz. Otto von Braunschweig-Göttingen (späterer Gem. Gr. Wilhelm III. von Henneberg-Schleusingen, verm. 1413, gest. 7. Juli 1426), geb. 1387, verm. um 1402, gest. 27. Okt. 1426

(130) Beatrix, Äbtissin des Klosters Seußlitz, geb. 1. Sept. 1339 auf der Wartburg, gest. 25. Juli 1399

(131) Anna, Nonne in Kl. Seußlitz, geb 7. Aug. 1345 in Dresden

(132) Clara, Nonne in Kl. Seußlitz, geb. 7. Aug. 1345 in Dresden

VI. Generation: Friedrich der Streitbare und Friedrich der Friedfertige

(133) bis (135) – die Söhne Friedrich des Strengen (126) und der Katharina

(133) Friedrich I. (IV.), der Streitbare, Mkgr. von Meißen, 1423 Kf. und Hz. von Sachsen, geb. 11. April 1370, gest. 4. Jan. 1428 zu Altenburg, begr. Dom zu Meißen. – Gem. Katharina, T. des Hz. Heinrich von Braunschweig-Lüneburg, verm. 1402, gest. 28. Dez. 1442 zu Grimma, begr. Dom zu Meißen. – Kinder: (138) bis (142)

(134) Wilhelm II., der Reiche, Mkgr. von Meißen, geb. 23. April 1371, gest. 30. März 1425 in Weida, begr. Altenburg

(135) Georg, geb. 1380, gest. 9. Dez. 1401 in Coburg

(136) und (137) – die Kinder Balthasars (128) und der Margarete

(136) Anna, geb. 1377, gest. 4. Juli 1395, begr. Wittenberg. – Gem. Hz. Rudolf III. von Sachsen (spätere Gem. Barbara, T. des Hz. Ruprecht von Liegnitz, gest. 1436), verm. um 1387, gest. 9. Juni 1419

(137) Friedrich IV., der Friedfertige, Lgr. von Thüringen, geb. vor 1385, gest. 7. Mai 1440 zu Weißensee, begr. Reinhardsbrunn. – Gem. Anna, T. des Gr. Günther XXX. von Schwarzburg, verm. 1407, gest. 16. Januar 1431 in Freiberg, begr. Reinhardsbrunn

VII. Generation: Friedrich der Sanftmütige und Wilhelm der Tapfere

(138) bis (143) – die Kinder Friedrichs des Streitbaren (133) und der Katharina

(138) Friedrich II., der Sanftmütige, Kf. von Sachsen, geb. 22. Aug. 1412 in Leipzig, gest. 7. Sept. 1464 in Leipzig, begr. Dom zu Meißen. – Gem. Margarete, T. des Erzherzogs Ernst I. von Österreich, geb. 1416/17, verm. 3. Juni 1431 in Leipzig, gest. 12. Febr. 1486 in Altenburg, begr. Schloßkirche zu Altenburg. – Kinder: (144) bis (151)

(139) Sigismund, 1440 bis 1443 Bischof von Würzburg, geb. 3. März 1416 in Grimma, gest. 24. Dezember 1471 zu Rochlitz, begr. Meißen

(140) Anna, geb. 5. Juni 1420, gest. 17. Sept. 1462 in

Spangenberg. – Gem. Ludwig I., Lgr. von Hessen, geb. 6. Febr. 1402 in Spangenberg, verm. 8. Sept. 1433 zu Kassel, gest. 17. Jan. 1458 in Spangenberg, begr. Marburg

(141) Katharina, seit 1428/29 Nonne im Kl. Seußlitz, geb. 1421, gest. 23. Aug. 1476. – Gem. Friedrich II., Kurfürst von Brandenburg, geb. 19. Nov. 1413 in Tangermünde, verm. 11. Juni 1411, gest. 17. Febr. 1471 zu Plassenburg

(142) Heinrich, geb. 21. Mai 1422, gest. 22. Juli 1435 zu Dresden

(143) Wilhelm III., der Tapfere, Hz. von Sachsen und Lgr. von Thüringen, geb. 20. Mai 1425 in Meißen, gest. 17. Sept. 1482 in Weimar, begr. Weimar. – Gem. 1. Anna, T. des Kg. Albrecht II., geb. 1432, verm. 20. Juni 1446 zu Jena, gest. 14. Nov. 1462 zu Eckartsberga, begr. Reinhardsbrunn; 2. Katharina, T. Eberhards von Brandenstein, verm. 6. Juli 1463 in Weimar, gest. 2. November 1492 in Saalfeld, begr. Weimar. – Töchter: (aus 1. Ehe) – (152) und (153)

VIII. Generation: Ernst und Albrecht

(144) bis (151) – die Kinder von Friedrich dem Sanftmütigen (138) und der Margarete

(144) Amalia, geb. 4. April 1436, gest. 19. Nov. 1501 zu Rochlitz, begr. Meißen. – Gem. Ludwig der Reiche, Hz. von Bayern-Landshut, geb. 23. Febr. 1417, verm. 21. Febr. 1452 zu Landshut, gest. 18. Jan. 1479

(145) Anna, geb. 7. März 1437, gest. 31. Okt. 1512 zu Neustadt/Aisch. – Gem. Albrecht Achilles, Kf. von Brandenburg, geb. 14. Nov. 1414 in Tangermünde, verm. 12. Nov. 1458, gest. 11. März 1486 zu Frankfurt/M.

(146) Friedrich, geb. 28. Aug. 1439, gest. 23. Dez. 1451 zu Meißen, begr. Meißen

(147) Ernst, Kf. von Sachsen, Begründer der Ernestinischen Linie, geb. 24. März 1441 in Meißen, gest. 26. Aug. 1486 zu Colditz, begr. Meißen. – Gem. Elisabeth, T. des Hz. Albrecht III. von Bayern, geb. 2. Febr. 1443, verm. 19. Nov. 1460 zu Leipzig, gest. 5. März 1481 in Leipzig, begr. Leipzig. – Kinder: Friedrich der Weise, Johann der Beständige, u. a.

(148) Albrecht der Beherzte, Hz. von Sachsen, Begründer der Albertinischen Linie, geb. 31. Juli 1443 in Grimma, gest. 12. Sept. 1500 in Emden, begr. Meißen. – Gem. Zedena, T. des Kg. Georg Podiebrad von Böhmen, geb. 11. Nov. 1449, verm. 11. Nov. 1459 in Eger, gest. 1. Febr. 1510 in Tharandt, begr. Meißen. – Kinder: Georg der Bärtige, Heinrich der Fromme, u. a.

(149) Alexander, geb. und gest. 1447

(150) Margaretha, Äbtissin des Klosters Seußlitz, geb. 1444, gest. nach 1491

(151) Hedwig, Äbtissin in Quedlinburg, geb. 31. Okt. 1445, gest. 13. Juni 1511 zu Quedlinburg, begr. Quedlinburg

(152) und (153) – Töchter Wilhelms des Tapferen (143) und der Agnes

(152) Margarete, geb. 1449, gest. 13. Juli 1501 in Spandau, begr. Dom zu Berlin. – Gem. Johann Cicero, Kf. von Brandenburg, geb. 1449, verm. 25. Aug. 1476 in Berlin, gest. 9. Jan. 1499 zu Arneburg, begr. Dom zu Berlin

(153) Katharina, geb. 1453, gest. nach 1509. – Gem. Hinko (Heinrich), Hz. von Münsterberg, geb. 17. Mai 1452 zu Podiebrad, verm. 26. Febr. 1471, gest. 14. Juli 1492

Weiterführendes Schrifttum (Auswahl)

Bechstein, Ludwig: *Deutsches Sagenbuch/* Hrsg.: Karl Martin Schiller. – Merseburg und Leipzig 1930

Bergmann, Gerd: *Kommunalbewegung und innerstädtische Kämpfe im mittelalterlichen Eisenach.* – Eisenach 1987. – (Eisenacher Schriften zur Heimatgeschichte. Heft 36)

Blaschke, Karlheinz: Kanzleiwesen und Territorialstaatsbildung im wettinischen Herrschaftsbereich bis 1485. – In: *Archiv für Diplomatik. 30 (1984).* – S. 282–302

Blaschke, Karlheinz: *Sachsen im Mittelalter.* – Berlin 1990

Blaschke, Karlheinz: *Der Fürstenzug zu Dresden.* – Leipzig, Jena, Berlin (1991)

Böttiger, C. W.: *Geschichte des Kurstaates und Königreichs Sachsen. 1. Bd. Von den frühesten Zeiten bis zur Mitte des 16. Jahrhunderts.* – 2. Auflage. – Gotha 1867

Demandt, Karl E.: *Geschichte des Landes Hessen.* – 2. Auflage – Kassel 1980.

Devrient, Ernst: *Thüringische Geschichte.* – 2. Auflage – Leipzig 1921.

Eckhardt, Karl August: Die Herkunft der Wettiner. – In: ders.: *Genealogische Funde zur allgemeinen Geschichte.* – (Germanenrechte N. F. Deutschrechtliches Archiv. Heft 9). – 2., erweiterte Auflage. – [Wintzenhausen] 1963. – S. 64–90

Ermisch, Hubert: Die geschichtlichen Beinamen der Wettiner. – *In: Neues Archiv für sächsische Geschichte und Altertumskunde. 17 (1890).* – S. 1–32

Füßlein, Wilhelm: Die Thüringer Grafenfehde 1342–1346. – In: *Beiträge zur thüringischen und sächsischen Geschichte. Festschrift für Otto Dobenecker.* – Jena 1929. – S. 111–138

Geschichte Sachsens/ Hrsg.: Karl Czok. – Weimar 1989

Geschichte Thüringens. Bd. 2, T. 1. Hohes und spätes Mittelalter/ Hrsg.: Hans Patze und Walter Schlesinger. – Köln, Wien 1974

Hoffmann, Helga: *Die Fresken Moritz von Schwinds auf der Wartburg.* – 2. Auflage – Berlin 1980.

Hoppe, Willy: Markgraf Konrad von Meißen, der Reichsfürst und der Gründer des wettinischen Staates. – In: *Neues Archiv für Sächsische Geschichte und Altertumskunde. 40 (1919).* – S. 1–53

Humberg, Felix: *Chronik der Wartburgstadt Eisenach und ihrer Umgebung. Teil 2, 3, 4 und 5.* – Eisenach 1982 – 1984. – (Eisenacher Schriften zur Heimatkunde. Heft 18, 20, 29, und 21)

Illustrierte Geschichte der Meißnischen und Thüringischen Lande. 1. Abteilung: Von den Anfängen bis zum Tode Friedrichs des Strengen (1381); 2. Abteilung: Von der Landesteilung von 1382 bis zum Übergange der Kurwürde an die Albertiner (1547) / Hrsg.: Konrad Sturmhoefer. – Leipzig s. t.

Kroker, Ernst: Sachsen und die Hussitenkriege. – In: *Neues Archiv für Sächsische Geschichte und Altertumskunde. 21 (1900).* – S. 1–9

Lemmer, Manfred: *>der Dürnge bluome schînet dur den snê<. Thüringen und die deutsche Literatur des hohen Mittelalters.* – Eisenach 1981. – (Schriften der Wartburg-Stiftung Eisenach. 1)

Lutz, Wolf Rudolf: *Heinrich der Erlauchte (1218), Markgraf von Meißen und der Ostmark (1221–1288), Landgraf von Thüringen und Pfalzgraf von Sachsen (1247–1263).* – Erlangen 1977. – (Erlanger Studien. Bd. 17)

Mägdefrau, Werner: *Thüringen im hohen Mittelalter.* – Eisenach 1989. – (Schriften der Wartburgstiftung Eisenach. VI.)

Mark Meißen. Von Meißens Macht zu Sachsens Pracht/ Hrsg.: Heinz Weise u. a. – Leipzig 1989

Noth, Werner: *Die Wartburg. Denkmal und Museum.* – 2. Auflage – Leipzig 1985.

Patze, Hans: *Die Entstehung der Landesherrschaft in Thüringen. Teil 1.* – Köln, Graz 1962

Patze, Hans: Die Bildung der landesherrlichen Residenzen im Reich während des 14. Jahrhunderts. – In: *Stadt und Stadtherr im 14. Jahrhundert. Entwicklung und Funktion/* Hrsg.: Wilhelm Rausch. – Linz 1972. – S. 1–54

Patze, Hans: Die Wettiner in der Geschichte des Reiches und Europas. – In: *Jahrbuch der Coburger Landesstiftung. 31 (1986).* – S. 315–336

Philippi, Hans: *Die Wettiner in Sachsen und Thüringen.* – Limburg (1989). – (Aus dem Deutschen Adelsarchiv. Bd. 9)

Polack, C.: *Die Landgrafen von Thüringen zur Ge-*

schichte der Wartburg. – Gotha 1865

Posse, Otto: *Die Markgrafen von Meißen und das Haus Wettin bis zu Konrad dem Großen.* – Leipzig 1881

Posse, Otto: *Die Wettiner. Genealogie des Gesamthauses Wettin ...* – Leipzig, Berlin 1897

Regesta diplomatica necnon epistolaria historiae Thuringiae. Bd. 1–4 (ca. 500–1288)/ Hrsg.: Otto Dobenecker. – Jena 1896–1939

Rothe, Johann: *Düringische Chronik*/ Hrsg.: R. v. Liliencron. – Jena 1859. – (Thüringische Geschichtsquellen. 3. Bd.)

Sächsische Geschichte im Überblick. Beiträge zur Landesgeschichte, Teile I und II. Sonderhefte der Sächsischen Heimatblätter. 1983/84

Schmidt, Gerhard: Die Hausmachtpolitik Kaiser Karls IV. im mittleren Elbegebiet. – In: *Jahrbuch für Geschichte des Feudalismus. 4 (1980).* – S. 187–214

Stobbe, Reimer: Hessen und Thüringen im Spätmittelalter. – In: *Hessen und Thüringen. Die Geschichte zweier Landschaften von der Frühzeit bis zur Reformation*/ Hrsg.: Achim Güssgen und Reimer Stobbe. – (Melsungen) [1992]. – S. 85–108

Streich, Brigitte: *Zwischen Reiseherrschaft und Residenzbildung: der wettinische Hof im späten Mittelalter.* – Köln. Wien 1989. – (Mitteldeutsche Forschungen. 101)

Thüringen/ Hrsg.: Hans Patze. – Stuttgart (1968). – *(Handbuch der historischen Stätten. Bd. 9)*

Voretzsch, Max: *Der sächsische Prinzenraub in Altenburg.* – Altenburg 1906

Die Wartburg. Ein Denkmal deutscher Geschichte und Kunst / Hrsg.: Max Baumgärtel. – Berlin 1907

Wegele, Franz X.: *Friedrich der Freidige, Markgraf von Meißen, Landgraf von Thüringen, und die Wettiner seiner Zeit (1247–1325.).* – Nördlingen 1870

Wenck, Karl: Elisabeth von Thüringen (1306–1367), die Gemahlin Landgraf Heinrichs II. von Hessen und die Beziehungen zwischen Thüringen und Hessen in den Jahren 1318–1335. – In: *Zeitschrift des Vereins für hessische Geschichte und Landeskunde. N. F. 25 (1900).* – S. 163–191

Tafel 3: Varianten über den Ursprung der Wettiner

I. Variante

Burchardt I., Marschall Karls des Großen 807 und 814

Burchardt II., Graf um 823

Burchardt III., Graf 857 und 866

Burchardt IV., Graf, 892 Sorbische Mark, † 908

Burchardt V., Schwager Kg. Konrads I.,

Dedo, Gr. im Hassegau, † 957

Burchardt † 982 — Dedo † 982 — Dietrich I. † vor 976 ?

Grafen von Goseck (von Burchardt) — Wettiner (von Dietrich I.)

II. Variante

Rikbert I., Graf 882

Rikdag, Graf 833 und 873

Friedrich I., Graf im Harzgau 875/880
⚭ Bia

Friedrich II., Graf im Harzgau 937–945

Volkmar, Graf im Harzgau 945 † vor 961 — Rikbert II.

Dietrich I. (von Volkmar) — sächs. Pfalzgrafen (von Rikbert II.)

Wettiner (von Dietrich I.)

III. Variante

Burkhard I.
schwäb. Herzog., † 926

Burkhardt II.
926 nach Sachsen

Dietrich I.

Wettiner

1. Auflage
Sonderausgabe KRANICHBORN VERLAG LEIPZIG

Herausgegeben von der Wartburg-Stiftung Eisenach
Burghauptmann: Dr. Ernst Badstübner

Redaktion: Jutta Krauß, Rosemarie Domagala, Ursula Wenke, Hilmar Schwarz

Fotonachweis (nach Seitenzahlen):
C. Beyer (Weimar): Titelblatt, 54–55, 71, 137
Kl. G. Beyer (Weimar): 45
P. Friedrich (Markranstädt): 76
A. Ludwig (Freiberg): 26
P. K. Schuchart (Halle): 99, 104
G. Pambor (Erfurt): 52, 53, 61, 89, 101, 145
Gesamthochschulbibliothek Kassel: 41
Sächsische Landesbibliothek, Abteilung Deutsche Fotothek: 30;
Alex: 29; Handrick: 23; Hüttel: 156; Koch: 18, 19;
Möbius: 123; Rabich: 117; Richter: 22, 25, 37, 48, 93, 95, 128, 129, 149
Dombauamt Mainz: 143
Wartburg-Stiftung Eisenach, Fotoarchiv: 80, 83, 107, 148

Satz und Reproduktion: Druckerei Fortschritt Erfurt GmbH
Gestaltung: Gerd Haubner AGD, Erfurt

ISBN 3-930040-05-0